《塔木德》
学习的智慧

犹太式学习法的精髓

贺雄飞 著

上海三联书店

图书在版编目（CIP）数据

《塔木德》学习的智慧：犹太式学习法的精髓 ／ 贺雄飞著.
—上海：上海三联书店，2021.1（2024.9重印）
ISBN 978-7-5426-7226-1

Ⅰ.①塔… Ⅱ.①贺… Ⅲ.①犹太人－家庭教育
Ⅳ.① G789.382

中国版本图书馆 CIP 数据核字（2020）第 196145 号

《塔木德》学习的智慧：犹太式学习法的精髓

著　　者／贺雄飞
责任编辑／程　力
特约编辑／苏雪莹
装帧设计／鹏飞艺术
监　　制／姚　军
出版发行／上海三联书店
　　　　　（200030）中国上海市漕溪北路 331 号 A 座 6 楼
邮购电话／021-22895540
印　　刷／三河市中晟雅豪印务有限公司
版　　次／2021 年 1 月第 1 版
印　　次／2024 年 9 月第 6 次印刷
开　　本／960×640　1/16
字　　数／140 千字
印　　张／15.5

ISBN 978-7-5426-7226-1/G · 1580

定　价：42.80元

目录 《《《

犹太人聪明和智慧的奥秘是什么？

（自序一）

众所周知，犹太民族不仅有摩西、耶稣、马克思、爱因斯坦、弗洛伊德和罗斯柴尔德等六大世界名人和伟人，还培养出近 200 位诺贝尔奖得主。虽然目前全世界只有 1600 万左右的犹太人，但他们却获得了 22.35% 的诺贝尔奖，仅在 2013 年，就有 6 名犹太人获得了诺贝尔奖，占当年诺贝尔奖获奖总人数的一半；犹太人在美国哈佛大学的入学率竟高达 30%。

犹太人为什么如此聪明和优秀？

除了与他们独特的历史和民族信仰有关以外，也与其重视教育的传统以及与众不同的"天才教育法"有关。具体有如下几条学习秘诀：

1. 信仰和智慧的力量

犹太人从小就阅读《妥拉》和《塔木德》，塑造了自己与众不同的价值观和创造性思维。

2. "哈柏露塔学习法"塑造个性独立，并喜欢主动与父母亲近的孩子

"哈柏露塔学习法"是犹太妈妈从怀孕就开始采用的教养秘诀，

让孩子从小学会与人分享、讨论、对话、质疑和辩论，培养了孩子的自由思想和独立人格。

3. 从提问开始的学习

犹太妈妈每天回家后，不是问孩子"你今天的作业做完了吗？"而是问"孩子，你今天提问了吗？又问了一个什么好问题，连老师也回答不了？"犹太人不主张过多学习已有的知识，而是主张探索未知的世界。

4. 问答式读书法

无论是在家里还是学校，犹太人都主张通过提问和对话来诱发孩子的好奇心，从而刺激孩子的读书兴趣和习惯，在一问一答中体现智慧的力量。

5. 专注聆听的力量

聆听是理解思想和观念的主要途径，从小没有培养出孩子专注聆听的习惯，他们就很难理解事物的本质和重点。

6. 大声朗读

大声朗读不会让孩子在阅读时打瞌睡，既可以为他们提供脑部氧气，又可以刺激他们的大脑，对于提高专注力和记忆力有很大帮助。

7. 互学比独学效率更高

犹太人的学习传统是团体读书，认为"互学比独学效率更高"，旨在打造一个"学习共同体"。当每一个安息日到来的时候，全家男女老少都会停下手中的一切工作，进行学习和讨论。这样既能让全家找到共同的话题，又能培养孩子独立思考的能力。

8. 运动式读书法

如果一个孩子连 10 分钟也坐不住，总是跑来跑去的，如何能专注于学习呢？犹太人运用"身体运动读书法"——用身体的摇晃和律动来刺激大脑的思考。

9. "虎刺帕"精神

不怕失败和百折不挠的"厚脸皮"精神，被称为犹太人的"虎刺帕"精神，是犹太人精神力量的源泉。

10. 敢于挑战权威，拥有"求异"思维

犹太有句谚语："没有钱不是问题，没有创造力才是问题。"

爱因斯坦曾说过："我一辈子反对权威，不幸的是，自己也变成了权威。"正是这种精神，塑造了犹太人的创造性人格。

当然，为了解读犹太人聪明、智慧和成功的真正奥秘，我写了近 30 本书来追寻答案，也许会离真理越来越近。正如一句犹太谚语所言："人类一思索，上帝就发笑。"而我的补充是："人类不思索，上帝更发笑。"

贺雄飞

2019 年春于呼和浩特

WUTA 创新智慧学校

何谓犹太式"五感读书法"？

（自序二）

> 人如果没有去思考传统的意义，就像需要依赖别人的盲人一样。

—— 《塔木德》

中国人的学习一般都是停留在知识或书本层面，最后用考试的方法来检验自己的记忆水平。而犹太人的学习却不一样，他们想方设法通过各种方式来理解和践行《律法书》里的内容和要求，尤其是在各种节期，包括逾越节、住棚节、大赎罪日、普珥节和光明节，他们会尽可能地通过所有的感官来学习《妥拉》及犹太传统。光是遵守一年的节期，就可以把历史学好。

犹太式"五感读书法"的核心是讨论犹太传统中的经验和教训，让人在实践生活中进行学习，通过各种节日的仪式和象征把知识烙印在人的大脑中。一般人读书只用大脑思考，但大脑是透过感官来学习，而感官刺激是对脑部最大的刺激。对脑部进行训练，最有效的方式是通过"五感"来刺激，也就是观看、聆听、触摸、饮食和嗅觉，这些立体的刺激，是效率最高的学习方法。

在人的"五感"中，最快发展起来的是听觉。所以，在孩子很小的时候，让他们听故事或唱儿歌和童谣，会起到很好的启蒙效果。另外，在孩子喜欢的各种乐器上涂上各种颜色，用积木或拼贴画的方式训练孩子的听觉和触觉，也会大大启发孩子的学习天赋。但是，千万不要强迫孩子去学习，没有比在生活中自然经历更好的学习方法了。犹太人很强调聆听故事的学习法，尤其是让小孩在睡前15分钟听故事，这样做不仅可以加深亲子关系，也有助于提高孩子的语言能力。效果最好的听，不仅要用耳朵，更要用心，要知道专注力是从心而来的。

先学会听，才能够问。没有听，也没有理解，怎能会问？兴趣和好奇心会增加人的专注力，其最好的效果是能够心耳合一。人的一生是从小时候所听到的内容开始的，最好让孩子经常接触大自然中的声音并要接触人，听人的声音，与人对话。在接触人之后，再接触机器。过多地接触机器和动物，不利于锻炼孩子与人的沟通能力。

犹太人的图书馆很吵，他们总是用全身心来读书，用眼看，用口读，用耳听，而且读的时候还要摇晃着身体，并且加上音调。运用起嘴的学习，比起纯粹的默读更能刺激大脑的运行，有利于提升专注力和记忆力。身体的灵活促进大脑的灵活，而且有利于补充大脑中的氧气。

犹太人在读书的时候，不仅常常用"哈柏露塔学习法"进行伙伴式分享、讨论、对话、质疑和辩论，还常常三五成群地聚集起来，举手向老师提问或进行对话，甚至在教室内自由走动。即使独自学习，也要自问自答。犹太人主张跟人学习，而并非向书学习。

透过朋友或伙伴之间的问答或论辩，可以达到更深的理解境界。在犹太人的会堂或学校中，经常会看到上千名学生在一起学习的场景，他们两三个人一组，彼此问答或讨论，仿佛自由市场一样。没有太强的专注力，很难进行深度的学习。很显然，犹太人聪慧的大脑并非天生的，而是运用"五感读书法"和"哈柏露塔学习法"训练出来的。

关于如何学习,哈佛大学教授本－沙哈尔给出五个观点是——

答案的多样性，

学会批判性思考，

学习从提问一路走来，

犹太孩子都知道如何阅读，

在逆境中变得更坚强。

只要能达到快乐、高效、深度和有创造力的状态，最终一定能洞悉学习智慧的奥秘。

贺雄飞

2019 年初夏于呼和浩特

WUTA 创新智慧学校

追求崇高，做个高尚的人

（自序三）

创办一所学校要比写一本书难得多。写一本书，你只要找到一个好选题，查阅足够的材料，有足够的才华，再加上一个人足够的努力，用不了一年半载就能完成，假如再找到一家对路的出版社，就有可能取得丰硕的成果。归根结底，写作是件很个人化的工作，而办学校则要复杂得多。

要想办一所真正的好学校，需要渡过五大难关：

第一关：合适的地理位置和理想的场地，这就需要一笔较大的投资，否则很难吸引普通的孩子和家长。

第二关：要有比较可靠的政府资源的支持，否则短期内很难拿到办学执照；如果没有正规的办学执照，就无法大规模地进行宣传和招生；学生的数量少，就很难快速发展起来。

第三关：打造一支高素质的教师团队，这需要投资、培训和招募合适的人选，否则很难达到优质的教育水准。

第四关：有远见的家长。大部分家长虽然对传统教育不满意，但对不成规模的创新教育仍然将信将疑。因此，"在沙漠上种草"是一件很难的事。

　　第五关：学校的定位和核心竞争力。WUTA 的定位是中国历史上第一所中以智慧结合的创新教育学校，旨在培养真正的未来精英和世界公民，以及创造性人才。

　　中国有远见的家长很少，大多数人还是希望把孩子送到公立学校。2016 年秋天来 WUTA 上学的就两类孩子，一类是渴慕创新教育的 Super 学生，一类是厌学、叛逆、早恋、手机成瘾的"问题学生"。这对于年轻的 WUTA 教师团队来说，是一个巨大的考验。我们在每一个来 WUTA 的孩子身上都倾注了无限的爱心、耐心和智慧。

　　2017 年的 WUTA 经历了巨大的考验。春天我们还在托克托县五申镇沐浴着温暖的阳光；夏天我们就搬到了呼和浩特市鄂尔多斯西街的伟一小学院内，经历了烈日的暴晒；秋天，我们搬到大青山脚下的内蒙古经贸外语职业学院院内，与火葬场比邻而居；冬天，我们则搬到内蒙古大学城北方职业学院院内，这里虽然寒风凛冽，但阳光明媚、空气新鲜。我们像犹太人一样，虽然到处流浪，但始终没有放弃对真理和智慧的追寻，也始终没有放弃对梦想的追寻。

　　这一系列难关，都是送给 WUTA 最好的礼物。就像扫罗在追杀大卫时，大卫虽然九死一生，但最终还是彰显了神的荣耀，由一名牧羊少年成为以色列的君王。大卫虽然在情欲中跌倒了，受到上帝的管教，但最终上帝还是成全了他。"悔改使我们得赦免"，这就是信心的力量。当我们跌倒了再站起来的时候，世俗、死亡、坟墓、嫉妒和非议，都会败在我们脚下。因为我们所管理的产业关乎着每个家庭的幸福和中国的未来，我们的产业已经坐落在佳美之地。WUTA 欢迎新生的歌曲是《世界因你而更美好》，而 WUTA 的校歌和副歌就是《中国梦》和《希望》，每当这两首歌在校园上空响起时，就会有一种力量汇聚在我们的心中。

在 2017 年圣诞节过后的某一天，我带领 WUTA 中专部的孩子们学习了美国犹太销售大师杰·亚伯拉罕的自传《人生不设限》。每一位 WUTA 的孩子都被杰·亚伯拉罕的传奇经历和梦想所深深吸引和震撼：

"我的人生无比绝望，我从一个孱弱无力，充满了烦躁，并且伤痕累累的起点起步……我没有学历，没有机遇，没有一技之长。我没有未来，我的人生已经完了……除非相信自己，否则无法拥有光明的未来。"

杰·亚伯拉罕告诫孩子们："没有人会把最底层的生活作为人生目标，相信你也不愿意追求平庸而无趣的人生……我认为，所有人都渴求本质的崇高，这是人类的天性。所以，每个人都有其与生俱来的使命。"他鼓励我们，要重新审视自己的生活，不仅仅要学会否定和批判现实，更应充满激情地行动起来。他对"朋友"的理解有两条准则：第一，是不是一群具有理想主义情怀的精神同道？第二，你们在一起是否只是为了消磨时光？

迄今为止，95% 的创业者无法实现梦想，50% 的婚姻以离婚收场，世界上的大部分国家在经济上都难以自立。究其原因，都是由于大多数人甘于平庸，而这一切都和失败的教育及社会体制有关。杰·亚伯拉罕告诉人们，通往崇高境界有四个步骤：

第一步：了解何为崇高。崇高的人都有气场，他们常常摒弃自我主义，优先考虑他人，懂得察言观色，知道如何尊敬他人。他们谦逊而有魄力，具有伟大的使命感，他们的存在本身就如同鹤立鸡群，出类拔萃。

第二步：找到通往崇高的道路。寻找道路的正确方法是深入思考自己的人生，想想"如果我拥有无所不能的力量，那我想达到什么目标"。睁开双眼面对自己的痛苦，每个人成功的道路都是独一无二的。

第三步：积累自信心。每一步都应该走得谨慎而脚踏实地，反复实践和学习，不断积累经验。你不能对自己撒谎，否则会让自己失去信心。

第四步：不要走错路。练习必然经历失败，犯错也在所难免。读万卷书不如行万里路，行万里路不如名师指路，名师指路不如自我感悟。

在当今中国社会，许多人都绞尽脑汁、想方设法从他人身上榨取钱财，人们的关注点常常在于如何耍手段骗钱，或者如何以最低限度的劳动获得最高的报酬，正直的人经常因自己的正直而遭到鄙视，或者因失败而被人群起而攻。要想改变这种生存环境，每个人都必须在内心渴望成为一个崇高的人。当我们所在的世界到处充满了与崇高同行的正直之人时，世界就会变得更加美好。

所以，让我们从现在开始追求崇高，做个高尚的人。

贺雄飞

2019 年 7 月 9 日

于呼和浩特 WUTA 创新智慧学校

第一章　让孩子赢在终点而非起点

——提问和讨论是"钓鱼之法"

真理就像散落在地上的石子，到处都是，人们想捡起这些石子，只需弯下腰去。可问题是很多人连腰都不想弯。

——犹太法学博士　埃利泽

犹太人无论何时都戴着帽子，这也许是一种随时准备出逃的被迫行为……随时会被人从一个地方赶出去，要到另一个地方生存，头脑中必须要比别人有更多的智慧才行。

——犹太作家　肖洛姆·阿莱汉姆

在犹太教里，有知识的人是按照神的模样创造出来的。所以，为了能够成为像神一样有知识的人，重视教育便成了犹太人的义务。

——韩国学者　高在鹤

提问吧，这就是五千年来犹太人教育子女的秘诀！

——犹太学者　马尔文·托卡耶尔

1.1 犹太人凭什么获得了近 200 个诺贝尔奖？

在 2016 年 11 月底结束的美国大选中，两个候选人特朗普和希拉里进行了"殊死决斗"，激烈对抗的候选第一家庭有一个共同特点，那就是都有一位犹太女婿。

一位是特朗普的女儿伊万卡的丈夫杰瑞德·库什纳，家族房地产公司的 CEO 和《纽约观察家》出版商，人称"商业神童"。另一位是希拉里的女婿马克·梅兹文斯基，曾就职于华尔街著名的投资银行高盛集团 8 年，创立过价值 3.26 亿美元的对冲基金。但是，马克基本上没有参与希拉里的竞选活动，而杰瑞德却是特朗普的重要军师，这一切都源于 2015 年特朗普邀请女婿一同乘坐"特朗普一号"飞机前往伊利诺伊州参加竞选。面对现场上万群众，特朗普高声呐喊："你们愿意让谁给你们做代言人？"人群中顿时爆发出了山呼海啸般的声音："特朗普！特朗普！"这使长期同企业大亨和富家子弟打交道的犹太才俊杰瑞德大吃一惊：站在特朗普一边，就等于站在人民的一边。他的正义感油然而生。

从此，尽管并未在特朗普竞选阵营中担任任何正式职务，但杰瑞德帮助特朗普理顺了一些重要的人际关系，包括犹太传媒大亨、福克斯新闻（Fox News）创始人默多克。杰瑞德在幕后和妻子伊万卡连同两个大舅子更换了特朗普的竞选经理，接管了特朗普的竞选事务。

另外，身为犹太人的杰瑞德还帮助特朗普提出促进与以色列关系的具体政策，其集团名下报纸的政治编辑协助起草了特朗普的竞选演说稿，还建议"未来的总统"改变张嘴就来的"大炮"风格，在演讲中使用提示器。杰瑞德还促成了特朗普同以色列驻美大使罗恩·德默尔以及以色列现任总理内塔尼亚胡的会面，从而使特朗普对自己的女婿言听计从。正是特朗普竞选的成功，使这位一向做事低调、内敛的年轻犹太富商的故事浮出水面。

杰瑞德·库什纳于1981年1月10日出生于美国新泽西州。虽然特朗普家族在美国媒体的曝光率远超过库什纳家族，但其实后者的财富实力更雄厚。库什纳家族是美国新泽西州的名门望族，当地还有他们创办的库什纳犹太学院和高中，学校以杰瑞德祖父母的名字命名，他们是波兰犹太人大屠杀的幸存者，千辛万苦逃到美国，祖辈的苦难现在已经成为后代的护身符。后来，从哈佛大学毕业的杰瑞德历经艰辛，子承父业，运用自己的聪明才智终于使家族的事业更加兴旺发达，被誉为"商业神童"。

2015年，杰瑞德的名字不断出现在美国的以色列公共事务委员会的捐助人名单上，他还向耶路撒冷的一家医学院捐赠了2000万美元，杰瑞德和被认为今后也可以出来参与总统竞选的伊万卡还筹划大选后建立一个特朗普电视台（Trump TV），以大选赢得的巨量关注建立自己的媒体矩阵。杰瑞德一边陪着特朗普到处飞，一边忙着应对一连串的竞选电话和会议，他对自己的房地产帝国投入的时间却比过去少得多。

他的岳父特朗普对此当然没有意见。"尽管他在商业上获得了巨大的成功，但他有着正确的优先考量顺序——家庭第一。"特朗普在一份声明中称赞道："杰瑞德是一个大气、大胆的思想者，一个非常出色的女婿，我们的关系非常密切。"随着特朗普赢得美国大选，杰瑞德成为在美国总统竞选中首次把家族资源发挥到极致的犹太人，他随即进入总统的核心家庭圈子。

其实，在世界历史上比杰瑞德更有才华的犹太人多如牛毛。目前全世界的犹太人只有 1600 万左右，占全球人口总数不到 0.25%。犹太人中共产生了近 200 位诺贝尔奖得主，占全部诺贝尔奖获奖人数的 22.35%，其诺贝尔奖获奖概率远高于其他各个民族，是全球平均水平的 108 倍。此外，爱因斯坦、弗洛伊德、马克思、冯·诺依曼、冯·卡门、卓别林、毕加索、海涅、斯皮尔伯格、门德尔松、奥本海默、卡夫卡、保罗·纽曼、华纳兄弟……众多闪耀历史的名人都出自这个人数不多的族群。

犹太人之所以如此成功，其奥秘之一就是他们非常热爱读书。犹太人有个习惯，就是在孩子学习识字之初，会把蜂蜜滴在《妥拉》上，让孩子从小感受到"知识是甜蜜的"。后来，这成为犹太小学生入学的第一课。

在犹太家庭中，父母会让孩子从小就知道，家里的书架一定要放在床头，从而彰显书籍的神圣。这是犹太民族世代相承的传统，以此表达对书和知识的重视。如果谁家把书架放在床尾，就会被认为是对书和知识的不敬而受到大家的蔑视。犹太人从来不焚书，即使是那些攻击他们的书也绝不焚烧。

犹太人认为："没有人是贫穷的，除非他没有知识。拥有知识的人便拥有一切。"正因如此，犹太人形成了全民好学、全民信仰知识的悠久文化传统。联合国教科文组织1998年的一次调查表明，在以犹太人为主的以色列，成年的以色列人平均每周读一本书，全国871万人（2017），就有上百万人办有图书证。在拥有图书和出版社的数量上，犹太人超过了世界上任何一个民族。在年人均读书量上，以色列为64本，远远超出其他国家。

除了喜欢读书之外，犹太人还非常重视教育，这是他们能够获得成功的第二个奥秘。犹太人这一智慧的族群，其根本智慧就在于尊崇教育，这是根植于这个民族灵魂深处的核心教育价值观。从精神层面来说，教育与学习成了犹太信仰的一部分，成了民族精神的一部分。在犹太人心目中，勤奋好学是仅次于敬奉上帝的一种美德，"教师比国王更伟大"，学习与钻研《妥拉》和《塔木德》是一种神圣的使命。

犹太民族素有"一本书的民族"之称，教育乃维系犹太民族生存和发展的纽带。"只要学校在，犹太民族就在"，"没有教育就没有未来"，当代犹太政治家们更是提出了"对教育的投资是最有远见的投资""在教育上的投资就等于经济上的投资"等真知灼见。

几乎每个犹太家庭的孩子都要回答这样一个问题："假如有一天你的房子被烧毁，你将带什么东西逃跑呢？"要是孩子的回答是钱或钻石，母亲将进一步追问："有一种没有形状、没有颜色、没有气味的宝贝，你知道是什么吗？"要是孩子回答不出来，母亲就会说："孩子，你要带走的不是钱，也不是钻石，而是智慧。因为智慧是任何人都抢不走的财富，只要你活着，智慧就会永远伴随你。"犹太人一心追求智慧，以不同寻常的方式运用智慧来谋生的特点代代相传。几千年的犹太民族史，几十年的以色列国家史，就是一部不断追求民族高素质的历史和把教育摆在头等重要位置的历史。

犹太人能够获得成功的奥秘之三，就是热衷于背诵和讨论经典。犹太家庭从小就培养孩子诵读乃至背诵经典的好习惯，而且已成为世代不变的教育法则。他们认为，在孩子很小的时候就要给他们传递代表民族最高智慧的经典《妥拉》和《塔木德》，为他们一生的发展打下坚实的基础。许多犹太孩子从两三岁就开始背诵经典。犹太教徒早上的礼拜祈祷书大约有 150 页，每天早上都必须朗读。不可思议的是，一旦大脑这种大容量的记忆系统建立之后，接下来就很容易吸收各式各样的知识。独创性的思考从何而来？信息的来源越丰富，就越能产生优秀的发明和独创性的思考。优秀的发明或发现只能从储藏在头脑中的海量知识中来发酵。记忆的容量越大，越容易产生新的发明和发现。犹太人中之所以有很多天才，就是因为犹太人是一个热衷于"记忆"的民族。

当然，犹太人的背诵绝不是死记硬背，而是对经典不断讨论和质疑。中央电视台曾经播出过一部专题片《走进以色列》，里面提到一位雕塑家，他用石头雕塑了一个大大的问号，石头的质地尤其突显了"问号"的力量。以色列前总统佩雷斯在自己的演讲中，也提到了犹太人善于提问的传统。

以色列的学校非常鼓励孩子在上课时提问，甚至还专门开设了一门"提问课"。他们认为，如果用一个符号代表犹太人的科学精神和思维传统的话，那就是大大的"问号"。因为在犹太人的教育理念中，问号代表一切。

在教育孩子从小尊重知识的同时，犹太人更注重教育孩子重视创新才能，对于那些只有知识而没有创新才能的人，他们将其称为"背着很多书本的驴子"。犹太人从小就教育孩子，一般的学习仅是一种模仿，而没有任何的创新；学习应该以思考为主，思考是由怀疑和答案组成的，思考是学习的基础。他们教育孩子，学习是打开智慧大门的钥匙，懂得越多，产生的怀疑就越多，问题就随之增加，所以提问使人进步，提问和获得答案一样重要。

一位犹太教师如此告诉他的学生：一份数学试卷，学生全部答对，不一定能得一百分。如果都是照课上所学的解题，他最高只能得九十分；从其他书本找数据来解题，最高也只能得九十五分；只有自己想出来解题的方法，才能得满分。能在这位老师手下得到满分的学生没有几个，但他们后来都取得巨大的成就。

犹太人之所以能培养出那么多诺贝尔奖得主，和他们的父母与老师培养孩子从小学会提问和质疑的传统是分不开的。诺贝尔化学奖得主、美籍犹太人赫伯特·布朗说："我的祖父常问我，为什么今天与其他日子不同呢？他总是让我自己提出问题，自己找出理由，然后让我自己知道为什么。我的整个童年时代，父母都鼓励我提出疑问，从不教育我依靠信仰去接受任何事物，而是一切都求之于理。我以为，这一点是犹太人的教育比其他的略胜一筹的地方。"

1944 年的诺贝尔物理学奖得主伊西多·艾萨克·拉比获奖后，

有人向他请教说："你是怎么获得诺贝尔物理学奖的呢？"他回答："我获得诺贝尔物理学奖，全靠我妈妈。""那么，你妈妈是怎样培养你的呢？"艾萨克回答说："我妈妈没有怎么培养我，每天回家以后就问我一句话，'孩子，今天你在学校提问了吗？你问了一个什么样的好问题？'从此以后，我就养成了提问的习惯，自然而然地就获得了诺贝尔奖。"

1.2 传统犹太式学习法造就"创业的国度"

犹太民族曾饱受世界上最严重的灾难，他们经历了长期的种族迫害，两千多年的流离失所、背井离乡，丧失了自己的故土和国家。犹太民族是一个坚强而又伟大的民族，尽管他们遭受诸多磨难，但他们仍然没有忘记传承本民族文化的精髓，也没有忘记汲取其他民族的文化精华。

历史上的犹太人不断遭到迫害——财产被掠夺，房屋被烧毁，人民遭驱逐和屠杀，从而使追求知识、增长智慧成了他们的一种防卫机制。犹太人一心追求知识，以不同寻常的方式运用知识来谋生的特点代代相传。

在古代，只有犹太人每周都拿出一天来专门休息，这在当时的其他国家看来是非常奇特的一件事。而且，犹太人不主张休息日去游山玩水，因为等到回家的时候已经筋疲力尽。他们认为，休息日要真正达到休息的目的，舒缓紧张的神经和肌肉，净化浮躁的心灵,过神圣而圣洁的生活,以便更好地恢复良好的工作状态。

犹太人把休息日称为安息日,时间是每周星期五太阳落山到星期六太阳落山。在安息日里,他们要停止一切商业活动,从早上8点出发去犹太会堂做祈祷,一直到中午,他们用希伯来语诵读祈祷文,倾听《妥拉》的教诲,拉比们会讲述那些日常接触不到的深邃的思想,让人们的心智得到提升;回家后,一家人其乐融融地吃过午饭,很快便午睡;下午4点左右,他们会在自家或是犹太会堂和朋友或者拉比们一起学习交流,研究《妥拉》和《塔木德》。午睡和研究的顺序颠倒过来也没有关系,但一定要学习,因为这是犹太律法规定的每个犹太人的神圣义务。

犹太人认为,如果安息日里没有将自己的精神状态调整好,那恐怕很难实现真正意义上的心灵和肉体的升华。人的意识都是连续性的,如果休息不好,就会在潜意识里仍然充斥着旧的"信息"。这就好像是将收音机和电视的音量调至静音,频道却没有改变。所以,最重要的是"切换"频道。因此,一定要在安息日里将自己从繁忙的工作中解放出来,完全沉浸在另一个世界里面。在一个神圣的世界里,犹太人有了思想和灵感的源泉。

创造性与灵感都是高级智慧的产物,而它们的产生恰恰是在大脑放松的状态下。不管多么聪慧的人,长时间地处于紧张状态,或者过度疲劳地思考,大脑都会产生麻木的感觉。看来"智慧是需要充足的休息"的,这真是一个容易被人忽视的简单道理。

犹太人敢于挑战苦难的精神和他们独特的教育方法使他们浮躁的心灵能够真正安静踏实地面对生活。

麦克是德裔投资人、连续创业者、犹太教育家，他还取得了希伯来大学的化学博士学位，拥有 12 项专利，著有 6 部专著，先后发表过 25 篇学术论文，还同别人联合创立过 6 家高科技公司。2016 年秋天，他在特拉维夫参加了一次中以教育高科技投资峰会，在拥挤的人群中，一位中国代表对他说，自己来以色列是为了寻找一种特别的科学技术，能够帮助孩子们参加并通过各种考试，同时提高学生考上大学的概率，而且让他们大学毕业后，能找到一份高薪工作或者获得赚更多钱的方法。听到这位中国代表的发言，麦克十分沮丧，这仿佛中国学校里的学习结构——只有通过学校的考试，通过地区的考试，再通过经验考试，有时候是反复考试，才可能成为一名公认的学者，然后再去参加各种学术研讨会，从而获得知名度。

这位中国代表在以色列除了参观一些科技孵化器、创业公司，还去一些犹太学校进行体验，感受颇深。麦克说："这位朋友非常喜欢以色列的学校，他尤其喜欢学生们可以在课堂上同老师畅所欲言，更喜欢老师大方直接地回应那些孩子，还喜欢那些孩子平等地向老师提出挑战，他也喜欢老师回应孩子们的挑战，并反过来继续挑战自己的学生。"这位中国代表特别喜欢以色列学校中那种看似"无序"却十分"有序"的轻松感觉。

在中国的教室里常常会出现以下两种现象：

1. 孩子们不会在课堂上提问题，他们也当然不会当面向自己的老师们挑战，只有老师在那里照本宣科和单向灌输思想。

2. 图书馆里常常是静悄悄的，缺少辩论和研究的氛围。

而犹太人则常常因为辩论和学习在大街上叫嚷，中国人则会在餐厅里乱哄哄的。麦克认为，中国需要更多这样的"高科技"产品，因为每个人的个性、领导力和创造力的产生恰恰就是从这种"无序"中萌芽的。麦克说："我们以色列有超过 2000 年历史的培养拉比的犹太神学院和高等学校，在我看来，正是独特的犹太教育方法让现在的以色列成为创业的国度。"

如果你现在去参观一所传统的犹太拉比学院，会发现那里的课堂一片"混乱"。你会看到一排排的桌椅，常常会出现两个人把书放在桌子中间面对面地坐着，手舞足蹈地争论着，试图去阐述自己对《妥拉》的理解。更让人惊奇的是，这些经典的文字会用特定的旋律颂唱出来，以强调贯穿始终的逻辑韵律，而不是简单地朗读。

2000 多年前，犹太人被逐出他们的故乡，他们除了不断地适应新的环境以外别无选择。这意味着犹太民族的生活必须经历彻底的改变，从而适应没有土地和国家，无法在圣殿祷告的流浪生活。每一片土地上都充满各种各样的机遇和挑战，其中大多数情况对犹太人不利，这迫使到处流浪的人们努力适应环境，并不断地做出改变。这就意味着，每个犹太人必须要足够聪明；意味着犹太人需要迈进别人不敢接触的未知领域，并在其中生存和发展。美国的电影产业是许多来自东欧的犹太人在 100 年前发展起来的，至今犹太人依然活跃在好莱坞和百老汇，派拉蒙、米高梅、20 世纪福克斯等几乎所有好莱坞的电影公司，都是由犹太人开办的；大导演斯皮尔伯格、卡森伯格、伍迪·艾伦、科恩兄弟等都是犹太人。

通过对《妥拉》和《塔木德》的学习，犹太人不仅建立了自己的伦理道德，也充分训练了独特的"犹太脑"，培养了他们的分析能力、想象力和探究能力，使许多犹太人成为渴慕真理和智慧，并具有真知灼见的人。每个犹太人的诉求是始终如一的：去理解上帝和世界的奥秘，从而产生自己的思想；因为上帝的思想是无限的，所以对它的理解便充满着无限的可能，创造力和原创性思想也就会应运而生。

传统犹太式学习法是由以下条件组成的：

1. 学习要创造一定的氛围和情境；

2. 提问和质疑是必需的；

3. 所有的问题都必须被讨论和重视；

4. 学习中产生冲突是不可避免的；

5. 所有答案都不一定对或错；

6. 学习是为了学习本身，而没有任何功利目的；

7. 找一个伙伴一起学习是十分重要的；

8. 学习伙伴的任务是向对方提出挑战，并鼓励对方深度思考；

9. 所有人都可以学习，所有人都需要学习；

10. 学习中必然产生矛盾，矛盾是可以被接受的，并且不能被拒绝；

11. 形象思维和逻辑思维同样重要。

简言之，犹太式学习法有四个要点：学会提问；寻找一个学习伙伴；没有客观真理；多角度思考问题。这些思维方法正好和中国的传统思维相反。再加之，犹太人学习和研究的主题主要是伦理道德和法律，导致大部分犹太人敢于捍卫真理和常识，敢于挑战权威，敢于向权力说真话。

一对学习伙伴每周应该至少在一起学习一次，在犹太拉比学院里，一对学习伙伴至少每天在一起学习一次。如果没有一个人一直向对方的逻辑提出挑战，他就很容易被困在自己的思维里从而看不到自己的缺点和漏洞。寻找学习伙伴的目的是找到一个"对手"或"敌人"，从而使双方都达到优秀的程度。一个人如果在挑战自己的学习伙伴时手下留情，或者对对方观点的缺点视而不见，会被认为是一个对学习不负责任的人。在《塔木德》中，每一位出色的拉比都有一位同样出色的学习伙伴；如果自己的学习伙伴去世了，那个人甚至会感觉自己灵魂的一部分也消失了。从某种角度来说，一个学习伙伴仿佛就是一个生活伴侣，这就是著名的犹太式"哈柏露塔学习法"。

提问也同样被认为是产生创造性思维的重要元素之一。每一个犹太母亲都会在放学后问她们的孩子："今天有没有学到什么新的东西呀？孩子，今天你有没有提出一个好问题呢？"犹太母亲的这个学习传统，最终使许多犹太人成为科学家和思想家。

传统犹太式学习法已经被全世界许多人公认为犹太智慧的秘诀。有人称，在韩国的每一个家庭里都会有本《塔木德》，而且韩国的许多学校也已经将上述的一些教育方法引入教学当中。"两个犹太人就有三种不同观点"，这就是对犹太式"哈柏露塔学习法"所产生的结果的最好注解。在意第绪语中，每一句话要么是以问题开始，要么是以质疑结束。

犹太人创造力的主要源泉之一，就是从传统犹太学院中保留下来的不断地提问题和毫不保留的质疑精神。换句话说，"哈柏露塔传统犹太式学习法"成为犹太人的一种生活习惯和通往真理与智慧的一把钥匙。正因如此，以色列成为全世界公认的"创业的国度"和"智慧的国度"。

犹太人不仅向全世界贡献了近200位诺贝尔奖得主，还贡献了马克思、爱因斯坦、罗斯柴尔德、卡夫卡、普鲁斯特、维特根斯坦、斯皮尔伯格、马勒、勋伯格、毕加索、夏加尔等无数名人和伟人，《圣经》中记载的伟大先知摩西和救世主耶稣也是犹太人，数以百计的科技发明和创造，如以下十大高科技产品都是由以色列犹太人发明创造的。

电脑优盘

今天几乎人人都离不开的电脑优盘是以色列人阿米尔·班、多夫·莫兰和奥龙·欧丹发明的，他们都来自以色列 M-Systems 公司。他们在美国注册专利的时间是1999年4月。

无损压缩算法

只要你用电脑，无论是整理文件、看电影、听音乐还是看照片，都得使用各种压缩文件。这些压缩文件都和这种算法有关系。

这一算法被称为 Lempel-Ziv-Welch 算法，它是由以色列海法理工学院的科学家亚伯拉罕·伦佩尔和雅各布·兹夫在 1978 年创立的，美国科学家特里·韦尔奇 1984 年对这一算法做了改进。

ICQ

今天中国上网族普遍使用的即时通信工具 QQ，脱胎于 ICQ。ICQ 是 1996 年由以色列 Mirabillis 公司发明的。我念书时曾在 ICQ 打工，他们说 ICQ 的意思是"I seek you（我找你）"。

樱桃型西红柿

这种可爱的小西红柿的野生品种来自南美，目前人工种植的有三个品种，其中最主要的特别甜美的品种 Tomaccio 是在以色列希伯来大学教授内厄姆·凯达尔和哈伊姆·拉宾诺维奇的领导下花了 12 年时间杂交培育出来的。

生物杀虫技术

绿色食品流行的时代，你大概多多少少吃过一些号称使用生物杀虫技术的瓜果蔬菜。不管广告是真的还是假的，这技术是以色列 Bio-Bee 公司发明的。该公司属于 Sde Elyahu 基布兹（以色列集体社区）。

电子脱毛技术

汗毛重的女性，若做美容，少不了要用到电子脱毛技术。这项技术是以色列 Epilady 公司发明的，最早的产品是 1986 年上市的，至今已经卖出了超过 3000 万套。

急救绷带

又称为以色列绷带，是一位以色列军医发明的，用于事故人员或战场伤员送医前的紧急高效止血，如今在世界各地广泛使用。祝福你一辈子都用不着这个，但万一用上了，别忘了是以色列人的发明救了你的命！

婴儿呼吸监测器

由以色列 Hisense 公司发明的这套设备安装在婴儿的摇篮下，可以侦测出婴儿呼吸衰竭现象，并及早通知监护人。这种设备如今广泛运用于世界各地，每年拯救约 60 万婴儿的生命。

高级跑道监测系统

以色列 X Sight Systems 公司发明的这套系统如今广泛运用于各国机场跑道，它可以确保飞机不会因为跑道上有异物而出事故。所以，只要你坐飞机，你就享受了以色列的发明给你带来的安全保证。

滴灌

滴灌技术以前也有，但直到 1965 年以色列 Netafim 公司给滴灌管线发明了塑料滴头，这项技术才真正进入大规模使用阶段。

如今以色列的滴灌技术应用于全世界150多个国家，为解决人类食物供应问题发挥着不可替代的作用。毫不夸张地说，只要你张嘴吃饭，就有以色列滴灌技术的一份功劳在里边，即使你吃的东西不是靠滴灌产出的。

科学上有所发明，技术上有所发现，思想和艺术方面有所创造，这就是每个犹太人真正的理想。

1.3 犹太人：让孩子赢在终点而非起点

犹太人为什么那么聪明？

犹太人的聪明究竟是来自先天生成还是后天培养？

犹太人的创造力为什么那么强？

为什么仅仅用了20年的时间，以色列就做到了从无到有，从贫乏到卓越，并且突破了自然资源匮乏的局限性，创造了世界超级科技强国的神话？

一位中国人花费了8年的时间，收集了犹太人从饮食、文化到宗教、胎教等方面的一些育儿信息，从而来解答上述谜题。

他的研究从胎教开始。在以色列，首先引起他注意的是一个孕妇，她总是不停地唱歌和弹钢琴，还经常和老公一起解决数学难题。他发现，不少身怀六甲的以色列孕妇都随身携带着数学课本，并在公共场合解决数学难题。有一次，他看到一个孕妇在解决数学难题时，心里的疑惑再也抑制不住，便上前询问这位准妈妈："你这样做到底是为了胎儿，还是为了自己解闷儿？""当然是为了训练腹中的胎儿，这样，他长大后就会成为数学天才。"这位准妈妈的回答笃定而自信，她一直坚持做数学题直到孩子呱呱坠地。此外，他发现以色列的孕妇对杏仁、红枣、牛奶情有独钟。午餐时，她们会首选面包、鱼，以及杏仁等坚果沙拉。她们相信，吃鱼对胎儿的大脑发育非常有好处。

在以色列，公共场合禁止吸烟。据以色列大学的科学统计数据表明，香烟中的尼古丁会损坏人脑中的主要细胞，同时会影响人的基因和 DNA，从而会导致后代出现痴呆现象或者有智力缺陷。

和犹太人打过交道的人都有一个印象：大多数犹太人都懂至少三门语言——希伯来语、阿拉伯语和英语。从幼儿园开始，家长就训练孩子弹钢琴、拉小提琴，那是他们的必修课。按照犹太科学家的观念，音乐的旋律会刺激大脑的活动，从而使犹太人的右脑非常发达，记忆力很强。

从一年级到六年级，孩子们都要学习有关经济学的内容。通过比较发现，生长在美国加利福尼亚州的孩子与他们相比，智商大概滞后于同龄孩子 6 年。犹太儿童还涉猎竞技体育，如弓箭和射击等。因为他们相信，练习弓箭和射击项目会使大脑在做出判断和决策时更加精确。

犹太中学生倾向于学习理科，他们会动手制造各种产品，并热衷于从事各种企划。尽管其中有不少看似搞笑、无用，但如果这些工程涉及武器装备、医药制造或工程研究，那就会受到老师的高度重视，他们的创新观点和想法会被学校推荐到高校或研究所，去讨论其项目实施的可行性。

以色列大学的商科是最受欢迎的，在大学的最后一年，商科的学生将被安排从事某个项目。小组只有创造100万美元的利润后，他们才算合格并毕业，大学对商业实践的要求是非常高的。

犹太商务贸易中心的基地设在纽约，这个中心只为犹太人服务。如果犹太人有任何新的想法，犹太商务贸易中心会向他们提供无息贷款，并确保第一次生意成功。纽约医学院的犹太裔毕业生会被鼓励允许使用无息贷款自办诊所，从而使得纽约和加利福尼亚州的众多医院里有许多犹太医生。

此外，犹太人特别喜欢祈祷，他们总是摇着头祈祷，因为他们相信这样能刺激大脑，为大脑提供足够的氧气。

这些促使犹太人成功的细节可以证明，无论是哪个种族、哪个民族，只要拥有先进的教育理念和方法，就一定会培育出天才的后代。犹太人不主张让孩子赢在起点，而是通过一系列的方法，想方设法地让孩子成为一个与众不同的人。犹太人不重视孩子一时的成败，而是让孩子赢在终点，不妨给大家讲这样一则故事：

有一位犹太父亲教导儿子读书，但儿子对学习毫无兴趣。最后，这位父亲只好在教导孩子学习完《妥拉》的第一卷《创世记》之后便放弃。

数年之后，敌军攻入他们所住的城市，男孩不幸被掳，被送进监狱。国王偶然得到一本书，看起来好像是犹太人的书，就查问是否有人看得懂该书。管理监狱的官员向国王报告，在狱中只有一个犹太人，于是国王就命人将那个青年调出监狱。

狱卒告诉青年："如果你不会读这本书，你的脑袋就可能会搬家。"青年战战兢兢地来到国王面前，捧起那本书一看，正好是《创世记》，于是便开始大声朗诵："起初，上帝创造天地……"

国王好奇地问他怎么会读这本书，他说："这是我父亲教给我的。"国王高兴地说："这显然是上帝的旨意，要我打开监狱，把这个孩子送回他父亲的身边。"

此外，国王还送给这个青年一些金银财宝，又安排两名士兵护送他回到他父亲的身边。

于是，大多数犹太人就这样认为："只学会读一本书就能保全自己的生命，并得到那么多的金银财宝，如果学会读很多本书，那得到的奖赏将不计其数。"

从文化史的角度来说，犹太古文明与其他古文明之间有一个重大的差异，那就是犹太人从未像其他古文明那样留下建筑、雕刻、壁画等艺术瑰宝，犹太文明的精华全然体现在人们的思想与智慧之上。而文字与思想的体现，更是集中在他们的经典之上。

《妥拉》和《塔木德》是犹太人的两部圣书，前者是神在说话，建立人对上帝的神圣信仰，提升人的道德和智慧境界，让人过一种圣洁的生活；后者是人在说话，让人坐在信仰的磐石上学会思考和理解上帝、世界和人。两部书塑造了犹太人的价值观和思维方式。

《塔木德》说："敬畏之始是好奇，智慧之始是敬畏。"从好奇到敬畏，再到智慧，这是学习《塔木德》的过程和意义。对于犹太人来说，学习如同祈祷。

《塔木德》说："对于犹太人，学习是一生的课题。"因此，一个人一生中体现最大个人价值的三大因素是什么？犹太人认为，就是智慧思维、智慧决策和智慧行为。《塔木德》说："有智慧和有朋友的人永远不会破产；智者就是向所有人学习的人，强者就是能够战胜自我和化敌为友的人。"

70多年前，有一个基督徒想在街上雇一辆马车。他环顾了一下四周，发现不远处有一排犹太人的马车。走近一看，马正在吃草，却找不到车夫。他就问在路上玩耍的小孩："车夫去哪儿了？"小孩回答说："在车夫俱乐部吧。"于是，这个基督徒就来到街道深处的车夫俱乐部，他看到在狭窄的屋子里面，车夫们正在学习《塔木德》。虽然是车夫，但他们一有时间就学习圣书。这就是传统犹太人的写照。

犹太人在3000年前就几乎消除了文盲，因为父母有责任和义务教导孩子读书识字，目的是可以让他们阅读经典。犹太文化的传承就在于读"书"，因为书籍所代表的就是知识，知识可以产生智慧。《塔木德》就是犹太人生活言行的百科全书和智慧的基因库，并由此衍生出各种智慧著作，从而使犹太民族被称为"一本书的民族"。

古代的印刷术不甚发达，书籍极为珍贵，一本书往往被翻得破烂不堪，犹太人仍舍不得将它丢掉。等到整本书都已被读得七零八落、字迹模糊到无法辨认时，左邻右舍就会聚在一起，像埋葬一位圣者一般，恭恭敬敬地挖一个坑，把书本埋葬其中。

犹太人有句谚语："家里可以没有衣柜，但是不能没有书柜。"而书柜一定要置于床头，不可置于床尾，否则就会被视为对神圣书籍的亵渎。正如《塔木德》所言："把书本当作你的朋友，把书架当作你的庭院，你应该为书本的美丽而骄傲，采其果实，摘其花朵。"

犹太人有这样一个传统：当一个人的生活困难到不得不变卖财产借以度日时，变卖的顺序是先卖金子、宝石、房产和土地，到了最后一刻万不得已的时候，才可以将书本变卖。书本是犹太人的最佳贺礼。犹太人经常以书作为给孩子的生日礼物，有人结婚或新居落成，书籍也被视为最真诚而贵重的礼物。犹太人从不焚烧书籍，《塔木德》认为，即使是攻击犹太人的书，也不可以销毁；你可以不去读它，但是你不能毁坏它。

1736 年，拉脱维亚的犹太小区通过了一项法律：你必须将书借给任何人，即使是你的敌人开口借书也不得拒绝。如果有人来借书，书籍的主人若不出借，将会被罚以重金。

犹太人规定，如果有人去世了，要在棺材里放几本书，让书伴随他死去的躯体。他们这样做的用意很明显：知识是浩瀚无边、永远学不完的，即使人死去了，他的灵魂也应该继续学习。

犹太人求知精神的最佳表现就是"嗜书如命"。根据调查，以色列人均拥有的图书量以及出版社的数量，都超过全世界任何一个国家。以色列的公共图书馆与大学图书馆超过 1000 座，平均不到 4000 人就有一间公共图书馆。以色列每年都会在耶路撒冷举行国际图书博览会。在以色列的各大城市中，为数最多的公共建筑就是咖啡馆和大大小小的书店。而在各公共场所中，经常能看到各种各样手不释卷的"书虫"。

因此，犹太人所恪守的价值观"让孩子赢在终点而非起点"就是基于以下的信念：让孩子不要输在起跑线上很重要，但赢在终点更重要；让孩子学习才艺很重要，但拥有良好的品格更重要；孩子能干会做事很重要，但学会做人更重要；让孩子拥有行动力很重要，但培养正确的世界观、人生观和价值观更重要。

这就要求每个父母都能用更大的格局来看待孩子，不要只看现在和眼前的利益，而要看到未来；不光看当下是否有好成绩，更要看学习过程是否快乐。而若想要让孩子赢在终点，就必须培养孩子拥有良好的品德、深邃的思考、正确的信念、独特的技巧，这几点缺一不可。

1.4 鼓励提问、追求智慧而非书本知识

犹太民族的历史可以说是一部真正的苦难史，2000 多年流离失所，却又惨遭屠戮，几近灭亡。犹太人虽然多灾多难，却从未让民族的顽强意志泯灭，不仅保留了自己的文化传统，还为人类文明做出了巨大贡献，同时还实现了民族复兴和富国强国的伟大梦想，成为全世界最令人尊敬和最有智慧的民族。

正如美国犹太裔联合会主席杰克·罗森先生在《犹太成功的秘密》一书中所言："命运带给犹太人的长期压迫使其成为一个英勇的民族、一个精明的民族和一个成功的民族。"而以色列前总统赫尔佐克在自己的自传《亲历历史》中也说："在我的一生中，降临于犹太人民的悲剧堪称无可比拟，但我们的胜利与成就也超过了世代梦想。那就是为什么一个人可以有梦想，一个人应该有梦想，一个人必须有梦想。"他的话道出了犹太民族历经磨难而不灭的真谛，令人深思。

从古至今，犹太传统鼓励人们勇于"挑战被接受的观念"。有这样一句犹太格言："自己不去判断和思考，就是把自己的脑袋交给别人去保管。"而犹太圣典《塔木德》中也有类似的观点："假如所有的人都朝同一个方向前进，那这个世界必将灭亡。"正是这样的理念，使犹太人把"崇尚个性，鼓励创造"作为自己重要的价值观，要求每个孩子从小便学会提问与表达，追求智慧而非书本知识，擅长逆向思维，愿意展示自己的创造力并培养延后享受生活的理念，目的就是要从小激发每个孩子喜欢标新立异、敢为人先的智慧潜能。

以色列从1948年5月14日建国至今，靠着顽强的生存能力和大胆的创新思维，成功地创造出"沙漠中的神话"，被誉为世界上拥有创新经济奇迹的"最小的超级大国"，获得"上帝眼睛中的瞳仁"这个特殊称号，并被全世界誉为"创业的国度""创新的国度""智慧的国度"，成为全球投资商和科技大亨争相关注与青睐的"中东硅谷"。

以色列刚建国的时候，国土面积狭小，土地非常贫瘠，淡水奇缺，沙漠纵横，寸草不生，每年都几乎颗粒无收。面对这样极端恶劣的自然环境，以色列人没有丝毫的退缩和气馁，而是充分激发自己的创造力，把聪明才智发挥到极致，仅仅用了20年的时间就实现了"使沙漠盛开鲜花"的伟大梦想。

1962年，一件微不足道的小事成为整个以色列强国的新起点：一位生活在以色列北部的农艺师斯迈哈·博拉斯，无意中发现自家的花园中有一片植物长得非常茂盛。他认真观察，发现在长势良好的植物中，有一条浇花用的水管正好有一个非常小的破洞，不断向外渗出水滴，使地表始终保持着湿润的状态。于是，植物出现了不同寻常的变化。他突然感悟到：小水滴一点一点地渗出，不仅有助于植物生长，而且还能减少水分蒸发，对农作物的灌溉效果非常好。如果能在荒芜的沙漠中应用这种"滴灌"方式，很可能会创造农业丰收的奇迹。于是，他创造性地使用了"滴灌"技术，成立了著名的耐特菲姆公司。

经过反复试验，证明"滴灌"技术是减少蒸发、高效灌溉及控制水肥最有效的办法。以色列政府非常重视这一发明，很快加以推广，并通过农业技术革新，实现了卓有成效的"沙漠农业革命"。如今，在水比牛奶还贵的以色列，其农产品占据了欧洲水果和蔬菜市场40%的份额，成为仅次于荷兰的欧洲第二大花卉供应国，以色列的滴灌设备与相关技术已经被联合国粮农组织推广到全世界 150 多个国家。与此同时，耐特菲姆公司成为以色列 230 多个基布兹中首屈一指的企业，也成为全世界最大的滴水灌溉系统供应商，为以色列农业架起了一座通往世界的桥梁。

除缺水以外，建国初期的以色列人民还被穿衣问题所困扰，不得不把有限的外汇储备用于进口棉花。1952 年，美国植棉专家萨姆·汉伯格回到以色列探亲，这立即引起了以色列政府高层的重视。总理本·古里安在百忙之中把汉伯格请进自己的办公室，恳求他帮助以色列种植棉花。汉伯格一直认为以色列的土地不适合种棉花，但被总理的热诚所感动，便从美国带来了助手，在以色列开始试验种植棉花。经过 10 多年的艰苦奋斗，以色列不仅种出了自己的棉花，而且创纪录地实现了棉花出口的愿望。这是以色列开国领袖留给后世的遗产。

以色列人不仅拥有创新智慧，还具有冒险精神，并且为人类贡献了很多创新成果，其原因何在？难道是因为犹太人天生就聪明吗？犹太人开玩笑地说："也许我们的基因并不坏，但更主要的原因还是制度和文化因素所致。因为，这世界上的一切物质都可以被剥夺，唯有真理和智慧不能被抢走。"

很显然，这就是犹太人创造力的源泉，而犹太人的创造力则同独特的犹太教育有关。犹太教育非常鼓励孩子提问，然后再用自己的方式进行思考和研究。在以色列，没有所谓的"好学校"和"坏学校"之分，学校的目标都是要发展每个学生的个性而并不是提高成绩。

有一位在以色列定居了 10 年的中国妈妈曾为给女儿选择学校而颇感烦恼，因为她不知道以色列的学校如何排名，最后只好将女儿送到一所蒙特梭利学校。这所学校没有考试和作业，主要是通过老师观察和记录每个孩子不同阶段的成长状态，定期同家长沟通。一个学期下来，她的女儿变化很大，从一个敏感内向的孩子变得十分勇敢和自信，老师对她最大的表扬就是："她非常喜欢提问题，也开始知道如何提问题了！"

在犹太文化中，"知识"是一个动词，犹太人认为获得知识就是参与、交流和探讨的过程，而并不是把知识等同于我们所说的书本知识。在犹太人看来，提出一个有价值的问题，比回答十个愚蠢的问题有价值；提出了一个有价值的问题，就等于回答了问题的一半；智慧就像磨刀一样，越磨越快。

中国著名教育学者杨东平教授曾访问过以色列，并考察过以色列的学校，对犹太人的教育非常推崇。他发现，犹太人会在孩子 13 岁时就举行隆重的"成年礼"仪式。在"成年礼"仪式上，父亲会和孩子进行沟通，并将自己的人生经验传递给孩子。在犹太家庭中，父亲会承担老师的责任，家长教育的使命就是要发现和放大属于孩子自己的独特才能和智慧。

经过学校、家庭和社会文化的熏陶，以色列的学生会形成自信、独立、好奇和创造力强等诸多优秀品格。据以色列驻华大使马腾先生说："犹太人的成就不仅在于他们的聪慧大脑，还在于他们不断学习的精神。"

从圣经时期开始，犹太人就形成了教育至上的传统，每个犹太人从小就接受着"智慧即财富"的理念，正是这种教育传统培养出近 200 位诺贝尔奖得主。从爱因斯坦到弗洛伊德，从斯皮尔伯格到 Google 的两位创始人谢尔盖·布林（俄裔犹太人）和拉里·佩奇（美籍犹太人），从犹太文学大师卡夫卡到哲学大师维特根斯坦，从经济学大师萨缪尔森到管理学大师安迪·格鲁夫，从艺术大师毕加索到钢琴大师鲁宾斯坦，犹太人的身影闪现在人类生活的各个领域，为世界文明的发展做出了巨大的贡献。正如美国作家马克·吐温所言："犹太人在世界精神贵族中是奇特而又显著的，他们几乎是轻而易举地造就了在文学、科学、艺术、音乐、经济和医学，以及诸多深奥难懂的领域中的大量世界级传奇人物。"

1.5 提问和讨论是"钓鱼之法"

2011 年 10 月 30 日，我应以色列一流教育和领导力创新智囊机构 PenZA 感知实验室的邀请，第三次访问以色列。

11 月 1 日上午，我的老师 Erez 开车陪我到名叫马阿莱兹维亚的一所学校和幼儿园进行考察。

进学校时，孩子们正在进行课间操，放着阿拉伯音乐，孩子们个个欢天喜地，在那里尽情地唱歌跳舞，操场上没有草坪，尘土飞扬。许多孩子主动上前跟我打招呼，非常友好和热情。这里的孩子们的笑脸，我在世界上的其他地方从未见过，是那么阳光，那么自然，那么友善。他们问我叫什么名字，从哪来？当我告诉他们我的名字和我从中国来以后，有几个曾经到过中国和知道中国的孩子主动上前和我聊天。

只有一个小学三四年级的小女孩在那里闷闷不乐，我问她为什么不高兴，她噘着小嘴对我说："因为你不告诉我你的名字，让我很不开心。"我马上赔礼道歉并承认错误，小女孩笑呵呵地跑开了。

这里的幼儿园条件很一般，但是孩子们却个个欢快得像一只只快乐的小羊羔一样，都主动上前和我打招呼，有的甚至给我做鬼脸。墙上挂的是孩子们的名字和这周的工作计划，他们这周继续建一个广场，广场里有做饭的地方，有篮球场，有花园，有盆景，也有各种孩子们自己设计的工艺品，我问幼儿园老师："你们多长时间会完成这个计划？"他告诉我一个月左右，每个孩子在这一个月里都要为这项计划出谋划策和努力制作。

紧接着，学校的校长组织青年教师与参加"世界和平运动"的几位青年志愿者同我座谈。座谈在小会议室里进行，十几个人围坐成一圈，茶几上放着各种各样的干果和茶叶，每人一杯茶。校长首先向大家介绍了我的来历，然后让我和大家交流。我看到盘腿坐在沙发上的几个青年志愿者都没有穿鞋，感到很好奇，因为当时以色列的天气相当于北京的秋天，不穿鞋是很冷的，所以我问他们的第一个问题是："你们为什么不穿鞋？"一个非常漂亮的姑娘眨着一双美丽的大眼睛，非常俏皮地对我说："因为不穿鞋舒服呀！"我问的第二个问题是："你们的和平运动主要是做什么？"一个留着胡子的青年人告诉我说："主要是帮助别人，我们是志愿者。"旁边的人告诉我说，这位青年志愿者马上要结婚了。

我大惑不解地说道："现在是一个物质主义的时代，中国的青年大多数喜欢名车和名牌，而我看你们衣衫褴褛，连鞋也舍不得穿，还想帮助别人，你们为什么要这样做？"我指着那位即将要结婚的年轻人说："尤其是你，马上要结婚了，还不赶快赚钱，下一步要养家糊口啊！"

另外一位留着长发、光着脚的年轻人对我说："帮助别人，这是我们的责任啊！难道在你们中国没有人喜欢帮助别人吗？难道你们的孩子不需要别人帮助吗？"

在上午的考察中，还有一个非常有趣的环节，那就是我同那所学校中学部的高年级同学进行了面对面的座谈。

首先由学校的校长把我介绍给这里的孩子们，然后由我先向孩子们提问。

一进教室，我就发现有两名女学生在吃方便面，还有别的孩子在吃东西，即使是正在上课。于是我的第一个问题就是："同学们，你们都喜欢上学吗？有没有人逃过学？"

孩子们异口同声地回答："我们为什么要逃学呢？"

然后我又问："孩子们，你们喜欢你们的父母吗？你们的父母打过你们吗？"几乎所有的同学都举起了手，大部分同学都说非常喜欢自己的父母，而且没有一个人说父母打过他们。

我又问："同学们，你们怕你们的老师吗？"结果同学们再次异口同声地回答："我们非常喜欢我们的老师。"

在近一个小时的对话中，我发现几乎每个孩子都向我提问过，而且有的人连续几次举手。大部分孩子都喜欢旅游、唱歌和跳舞，没有人早恋，也没有人厌学，他们非常喜欢学校和老师，没有人崇拜歌星和影星，而且在以色列的中学和大学，从来没有听说过谁因为失恋或找不到工作而自杀的。

在午餐时间，我不仅享受了这里的美味，而且同这里的教师进行了近两个小时的交流。这里的食堂也是公共食堂，有一个手艺精湛的志愿者给他们做饭。所谓的丰盛的午餐，指的主要是营养丰富，而不是中国人所谓的一桌子山珍海味：蔬菜莎拉、烤面包、胡姆斯酱搭配披塔、核桃杏仁炒饭，蔬菜莎拉里有十几种蔬菜。今天来客人了，还增加了番茄汤和风味烤鱼，味道真是好极了！埃雷兹的妹妹是这个学校的老师，也是"世界和平运动"的发起人之一，她告诉我说："在犹太人的历史中，他们到处流浪，没有什么可以随身携带的，只有《圣经》，因此犹太人非常重视学习。再加上反犹主义非常严重，到了异国他乡的唯一避风港就是自己的家，所以，犹太人非常重视家庭教育和家庭文化。"在吃完饭以后，埃雷兹的妹妹不仅同我留念合影，还送我"世界和平运动"的T恤衫作为留念，希望把这个帮助孩子和家庭的"世界和平运动"传播到中国。

另一个中年女教师汉娜·沙查尔在谈到犹太式学习法的时候，提到了2009年的诺贝尔化学奖得主、以色列科学家阿达·约纳特，她的孩子于这所学校毕业。有一次，约纳特邀请这所学校的孩子们到她家做客，讲了一个故事："有一个孩子在上课的时候特别喜欢向他的老师提问，第一天上课的时候，老师问他一个问题，他没有回答；结果第二天他准备了一团泥拿在手里，上课的时候又向老师提问：'这团泥在一万年前是什么样子？在一万年以后又会变成什么样子？'老师不仅回答了这个难题，而且表扬了那个孩子。"从此，这则故事就成为这所学校教学中的典范，他们非常鼓励孩子在上课时提问，甚至专门开设了一门提问课和辩论课，因为在犹太人的教育理念中，问号代表一切。汉娜·沙查尔老师认为，每个班分成若干个小组，在上课时进行讨论的效果非常好。

看似简单的问话，却显现了犹太人不同的教育观。中国有这样一句话："授人以鱼，不如授人以渔。"其本意是给人一条鱼，不如教人如何钓鱼；其象征含义是做任何事情都有方法，只要方法得当，就会取得事半功倍的效果；隐喻是在学习中，教给人死的知识，不如教给人如何学习的方法。按照犹太人的观点，四流的教师教导学生学知识，三流的教师给学生解释知识，二流的教师给学生演示知识的流程，一流的教师启发学生的智慧。

《道德经》第81章有云："知者不博，博者不知。"它的意思是说，真正有知识的人不会认为自己什么都懂，认为自己什么都懂的人其实很无知；《墨子·修身》亦云："举物而暗，无务博闻。"意思是说，如果连一件事物的构成和来龙去脉都没有彻底弄清楚，那么，说是知道很多事物是靠不住的。而这两句话也正符合了犹太人"刨根问底"和"凡事都问为什么"的传统，充分说明了提问和讨论乃真正的"钓鱼之法"。

善于提问的人具有强烈的好奇心、求知欲和较强的探索精神，这些人未来更容易在自然科学方面获得成就，有望成为未来的科学家。

善于提问的人具有较强的观察力和想象力，这些人将来能在艺术和文化方面具有创造力，适合当作家和艺术家。

善于提问的人能够锻炼人的语言表达能力和沟通能力，表达能力强的孩子自信心更强，未来适合当老师、演员和推销员。

善于提问的人具有较强的逻辑思维能力和判断力，因为提问要求人能在交流过程中发现问题。逻辑思维能力和判断力强的人适合当哲学家、律师、法官和侦探。

善于提问的人更容易解决问题，因为提出一个有价值的问题就等于解决了问题的一半。解决问题能力强的人，适合做工程师、企业家和未来的领导者。

可见，提问是一把通往智慧王国的钥匙。所以，犹太母亲在孩子每天放学以后一般会问孩子两个方面的事："孩子，今天你在学校快乐吗？""孩子，今天你提问了吗？究竟提出一个什么样的好问题？"

第二章　想象力比知识更重要

——中以学校教育的差异是什么

想象力比知识更重要，因为知识是有限的，而想象力概括着世界的一切，推动着进步，并且是知识进化的源泉。严格地说，想象力是科学研究中的实在因素。

——爱因斯坦

教育的目的必须是培养独立行动和独立思考的个人，但这些人却把为社会服务看作他们人生的最高成就。

——爱因斯坦《思想和见解》

我反对考试——它们只能损害学习的兴趣。在学生的整个大学生涯中，考试不应该超过两次。我愿意主持讨论班，如果年轻人有兴趣，愿意听，我就发给他们毕业文凭。

——范托娃《与爱因斯坦的谈话》

2.1 2016年诺贝尔奖得主鲍勃·迪伦的非常人生

2016年10月13日，瑞典文学院宣布2016年诺贝尔文学奖得主为美国摇滚、民谣艺术家鲍勃·迪伦。颁奖词上说，鲍勃·迪伦为伟大的美国歌曲的传统带来了全新的诗意表达方式。

鲍勃·迪伦生于1941年5月24日，原名罗伯特·艾伦·齐默曼，是一位美籍犹太人，也是一位艺术家和作家。从1962年发布首张专辑至今，迪伦在流行音乐界和文化界的巨大影响已超过50年。他的代表歌曲是《在风中飘荡》和《时代在变》。作为一名唱片艺术家和表演者，迪伦的成就主要以他的演艺生涯为核心，但他最大的贡献被普遍认为是他的歌词。作为一名音乐家，他的唱片总销量已超过了1亿张，是全世界最畅销的音乐家之一。

鲍勃·迪伦以音乐闻名于世界，他一生创作歌曲无数，同时他也是作家，出版过超现实主义小说《塔兰图拉》、自传《像一块滚石》等著作。他的摇滚、民谣歌词既是诗又是歌，手法非常独特，极富诗意，文学穿透力很强，社会影响力巨大。1984年，在苹果公司的股东大会上，乔布斯朗诵的《时代在变》，就是鲍勃·迪伦的歌曲名篇。

鲍勃·迪伦一生获奖无数，曾获过1991年的格莱美终身成就奖、2000年的奥斯卡最佳原创歌曲奖、2001年的金球奖最佳原创歌曲奖、2008年的普利策奖特别荣誉奖等。2012年5月，迪伦还获得了由时任美国总统的奥巴马颁发的总统自由勋章。

很显然，诺贝尔奖只有文学奖而没有音乐奖。所以，他的获奖令全世界大吃一惊。多年以来，没有一位剧作家和原创音乐歌词作家获此殊荣。鲍勃·迪伦能够获此殊荣，凸显了诺贝尔文学奖评委会渴望改变文学现状的一种理想，正如一位评论家所言："与其说鲍勃·迪伦需要诺贝尔文学奖，还不如说诺贝尔文学奖需要鲍勃·迪伦。"

当然，诺贝尔文学奖评选一直存在着巨大的争议。文学这种特殊的艺术，很难用一种标准来进行评选，也不可能让所有人都满意。美国《纽约时报》刊发了《敲响诺贝尔奖大门》一文，文章中写道："在 20 世纪 50 年代，摇滚乐是一种贫民窟音乐……是鲍勃·迪伦为它加入了文学性。他是一位饶舌民谣歌手，认真研究过美国音乐的传统影响……他将'垮掉的一代'的吼声与象征主义者的智识遗产结合在一起。毒品并没有让他垮掉，实际上，我们可以说他甚至吸收了《圣经》的养分。"但美国《大西洋月刊》则完全唱反调，直接刊发了一篇题目很直接的文章《鲍勃·迪伦不应该获得诺贝尔文学奖》，文章中说："迪伦歌曲的要旨不在于简短的歌词，而在于与他本人独特的长音的完美结合……现在再想象一首独立的诗，没有旋律，没有变音，也没有独特的音色，这完全是不可能的。"作者还挖苦道："是给一位受到低估的艺术家应得的关注，以满足他的自尊心吗？"

有人追问瑞典学院常务秘书长萨拉·丹尼斯："鲍勃·迪伦并没有写过小说和诗歌等传统意义上被认为是文学的作品，这是否意味着诺贝尔文学奖扩大了颁奖范围？"丹尼斯答道："看上去似乎是这样的，但实际上并非如此。如果我们回望历史，就会发现约 2500 年前的时候，荷马和萨福也写下过本应配合音乐吟唱的诗作，我们现在依然在阅读和欣赏荷马与萨福的著作，鲍勃·迪伦也是如此。"他写的歌词的优势在于声音与文字的完美结合，伟大的歌曲可以催人泪下，声声直达人们心灵深处最柔软的部位。由此可见，鲍勃·迪伦的获奖为文学创作打开了一扇新的窗户。

鲍勃·迪伦从年轻时开始创作歌曲，一直自己写歌自己演唱，现在虽然已经 70 多岁，但仍然登台表演。2011 年，他 70 岁的时候，首次来到中国演出，分别在台北小巨蛋体育馆、北京工人体育馆、上海大舞台演出之后，又跑去香港连续开了三晚演唱会。他在歌曲《时代在变》中这样唱道：

游荡的人们

潮水正在涌动

洪荒就要侵蚀你的骨髓

请一起来听从召唤

如果你还有最后的时间

那你现在就要开始，迎接浪涛

否则你会石沉大海

因为时代在变

作家、评论家，来

用你们预言的笔

去眺望未来

机会只有一次

不要将你的轻率

变成一种愚蠢

因为历史的车轮滚滚向前

不管是谁

都不能妄下断语

今天的失败者

明天却拥有成功的辉煌

因为时代在变

参议员、众议员，来

请听这激昂的呼喊

别站在门口

别封锁大厅

因为现在的伤害

就是将来的荣誉

一场战斗

就在你们的面前

愤怒就要敲破你的窗

就要撞倒你的墙

因为时代在变

父亲、母亲们，来

用大地做证

别责难

你们所不能理解的儿女

他们不是顺从的孩子

你们的过去正在沉沦

请敞开你们的胸怀

放开手脚

让孩子们走自己的新路

因为时代在变

最后的时刻已经到了

所有的诅咒不过是虚妄

白驹过隙，时光荏苒

现在的缓慢

是将来疾驰

今天的一切

终将成为既往

束缚正在迅速消散

青出于蓝而胜于蓝

未来，就站在当下的顶端

因为时代在变

2006 年，鲍勃·迪伦凭借自传《像一块滚石》，获得了诺贝尔文学奖提名。诺贝尔奖评委员会对他的评价是："他把诗歌的形式以及关注社会问题的思想融入音乐当中，他的歌曲充满激情地表达了对民权、世界和平、环境保护以及其他严重的全球问题的关注。"普利策文学奖则这样评价他："对流行音乐和美国文化产生深远影响，歌词创作中具有非凡的诗性力量。"美国犹太诗人、"垮掉的一代"的代表艾伦·金斯伯格说："迪伦是最棒的诗人……当我听到那首《暴雨将至》时，我几乎哭了出来。我被他的修辞震住了，这些诗词简直就像《圣经·箴言》一样撼动人心。"

迪伦在歌曲中认真地质问："要多久的时间，某些人才能获得自由？"指的是种族不平等；当他唱到"炮弹要在空中呼啸而过多少次，它们才会被禁止？"指的是反对越战。许多评论家指出，迪伦的音乐真正巨大的力量不在于是否有深刻的社会分析，而是他抓到了那个时代氛围中微微颤动的集体思绪，说出了许多年轻人面对时代的困惑。他在代表作《在风中飘》中这样唱道：

一个人究竟要经历多长的旅途

才能成为真正的男人

鸽子要飞跃几重大海

才能在沙滩上安眠

要多少炮火

才能换来和平

那答案，我的朋友，飘零在风中
答案随风飘逝

山峰要屹立多久
才是沧海桑田
人们要等待多久
才能得到自由
一个人要几度回首
才能视而不见
那答案，我的朋友，在风中飘零
答案随风而逝

一个人要仰望多少次
才能见苍穹
一个人要多么善听
才能听见他人的呐喊
多少生命要陨落
才知道那已故的众生
那答案，我的朋友，在风中飘零
答案随风而逝

    迪伦的歌词多以象征、隐喻和意象见长，不少内容取材于《圣经》。迪伦创造性地将朴素而清新的民谣与艰涩难懂的现代诗歌熔于一炉，以至于 20 世纪 60 年代的迪伦式民谣，在一部分精英那里成为某种前卫和民间之声的象征。从某种意义上说，民谣对于迪伦的艺术生涯就像乳汁对于孩子一样。为了挖掘民谣之根，迪伦还亲赴英国住了一段时日，他如愿以偿，不负众望地又写出了 10 首英式传统民谣的歌曲，其中的《战争贩子》《上帝在谁那边》在世界上产生了较大的影响。他丰富的想象力和对传统民谣的把握，真正地体现了一个杰出艺术家的深刻思想。没有想象力，不可能成为一名真正的艺术家。想象力比知识更重要。

民谣的独特魅力是其他任何音乐形式都难以取代的，它像一幅清爽怡人的水彩画，展示出其质朴无华的心灵之声。迪伦正是这样一个准确把握民谣之神韵的人，他以自己特有的、为人们所喜闻乐见的方式传递了他对社会的思考，以及他对动荡不安的世界的种种忧虑，并通过自己的音乐成为时代的风向标。他不仅是美国 20 世纪六七十年代另类文化的一个重量级人物，也是美国音乐界的常青树和文化代言人。

作为一名犹太人，虽然迪伦并非一个正宗的犹太教徒，但他的思想和行为无不浸泡在犹太文化的传统之中。他的成就和极富传奇色彩的人生，是许多男人的梦想。正像另一位与他齐名的美国"摇滚教父"莱昂纳德·科恩一样——他不仅是虔诚的犹太教徒，更是一度遁入空门的佛禅弟子——他的思想充分体现了穿透黑暗的光明力量和修补世界的犹太理想，他的歌是为灵魂而唱的，使这个时代的大部分艺术家望尘莫及。他们是这个时代最伟大的鼓手、王子、牧师和诗人，用他们自己独特的思想向这个世界发出追问的声音。正如一首令人震撼的以色列歌曲《在歌曲中》所唱的那样：

我哭了

为了所有那些

被剥夺了家园的儿童

士兵来了

他们眼中带着疑惑：

"难道这些不是我的同胞吗？"

……

我们是一家人

历史把我们连在一起

我们是手牵手的旅行者

终点是这片乐土

我们必须发光发亮

以照耀我们的未来

但愿他很快就会来到我们所生活的时代

但愿如此

这声声呐喊，直逼人的灵魂和生命中最柔软的部位，令人沉思，催人泪下……

2.2 马克·扎克伯格的父母如何启发他的天赋

据《福布斯》杂志 2015 年发布的年度亿万富豪榜显示，全球富豪前 50 名中有 10 人是犹太人，前 15 名中有 5 名是犹太人，前 25 名中有 7 名是犹太人。

时年 31 岁的马克·扎克伯格年度净资产增加 112 亿美元，总财富额为 446 亿美元，排名由 2014 年的第 16 位跃至第 6 位。这一变化使扎克伯格超越了 2014 年犹太富豪榜中的第 1 位、甲骨文公司首席执行官拉里·埃里森以及排名第 2 位的纽约前市长迈克尔·布隆伯格，成为最富犹太人。紧接着，扎克伯格与他的夫人普莉希拉·陈在网上又发布了一则"大新闻"，他们要在今后的 10 年内投入 30 亿美元资助科研，这对夫妇的投资将被用来链接科学家与工程师，开发能推进研究的技术与工具，并资助全世界更多的科学家，以期在 21 世纪末能对世界上所有的重大疾病进行预防、管理和治愈。

扎克伯格的妻子普莉希拉·陈说道："我们想让下一代人的生活质量得到显著提高。"作为一名儿科医生，她曾多次给患者的家庭带来令人心碎的消息——"您的孩子患有白血病"，"我们的医生对此无能为力"，这些消息也同样让普莉希拉心碎，仅仅是回忆这些场景，就让她在演讲时数次哽咽。

依照计划，扎克伯格夫妇将斥资 6 亿美元，在旧金山创立一个生物中心，让来自斯坦福大学、加州大学伯克利分校以及加州大学旧金山分校的科学家能通力合作，攻克一个个科研难题。目前，两个项目的具体内容已得到公开，第一个项目将绘出人体的"细胞图谱"，标明人体所有细胞类型的特性，以及它们之间将如何互相起作用；第二个项目则将针对 HIV、埃博拉与寨卡等诸多传染性疾病，研发新的疫苗、诊断方法以及治疗新药。比尔·盖茨出席了新闻发布会，并说道："这些计划勇敢且充满雄心，我们非常荣幸地能亲历现场，见证马克与普莉希拉的启航。"这两位30 岁出头的年轻人，让我们对健康和未来充满了期待！

你知道这位"有钱又有爱"的"80 后"，和 Google 创始人拉里·佩奇、谢尔盖·布林，以及英特尔公司的创始人安迪·格鲁夫、甲骨文公司创始人拉里·埃里森等人有什么相同之处吗？原来，他们都是犹太人。2016 年，扎克伯格晋升为奶爸，宣布捐出 450 亿美元，用以发展人类潜能和促进平等，再次刷爆了全球的朋友圈。

在美国，仅占其人口2%的犹太人掌握着全国70%以上的财富，是政治、经济、外交、科技、媒体及娱乐领域的绝对领导。此外，美国 20% 的教授是犹太人，犹太人在哈佛的入学率高达 30%。是什么造就了犹太人"集体性"和"大规模"的优秀呢？这同犹太人独特的教育方式和父母的家庭教育有很大关系，他们是犹太家庭传承千年、培养了无数杰出人才的教养秘诀，也是扎克伯格创办 Facebook 的前提条件。

扎克伯格的父亲是一名牙医，妈妈是一名精神科医生。这是一个典型的中产阶级家庭，扎克伯格的 3 个姐妹也都是杰出人才。扎克伯格于 1984 年 5 月 14 日出生在纽约附近的一个小镇，他的父母都是犹太人，从小按犹太教规抚育扎克伯格长大，13 岁为扎克伯格举行了"成年礼"仪式。但扎克伯格长大后，却趋近于一名无神论者。

扎克伯格父亲的第一条教子秘诀就是，发现和支持孩子的长处。他说："我和我的妻子都相信一点，那就是不要强迫孩子，也不要试着把他们的生活引向某一个特定的方向，而是要去发现他们的长处，并且支持他们的长处，支持他们能够富有激情地做自己喜欢做的事情。"

老扎克伯格的第二条教子秘诀是，绝不相信体罚。他回忆说："我经常对自己的儿子说'不'。但说"不"时一定会摆事实讲道理，绝对不强迫。从小立规矩很重要，孩子的某些行为需要父母当场指出，不能容忍。如果你能够在孩子们很小的时候就说清楚自己不喜欢孩子在具体哪方面的不良行为，他们将会理解你在某些特定事情上的感受。"

老扎克伯格的第三条教子秘诀就是，一定要创造出一个勤奋好学的家庭氛围。他们家的房子很简陋，但老扎克伯格喜欢新科技，有什么最新产品都尽快置买，大大提高了孩子使用科技产品的动手能力。他的诊所最早用数码设备拍片，它比普通设备拍片辐射小；最早装备了电脑设备，用电子邮件预约看牙；最早装备了平板电视，电视还能上网，患者等候看病时还能使用。

有人认为这完全是因为老扎克伯格有个"数学脑子"，但他本人却说："重要的是眼光。"扎克伯格刚出生那一年，电脑还又大又贵，老扎克伯格花了 1 万美元巨款买了台 IBM 电脑，是当时全世界最早的电脑用户，但它却只能打印发票，实际用处并不大，这就叫超前的眼光。

只要是孩子想做的事，夫妻俩都非常支持，只有一条建议：努力把事情做好，他们的几个孩子从小都喜欢摆弄机器。那时电影《星球大战》上映，小扎克伯格很入迷，看完了居然想自己拍一部电影。姐妹们都觉得是瞎胡闹，但老扎克伯格愣是给儿子买了一部很大的手持摄像机，小扎克伯格真的扛着它拍了部片子。但后来他的兴趣发生了转移，开始喜欢电脑和玩网络游戏，并最终成为他终生的爱好。

在那个电脑还是奢侈品的年代，老扎克伯格竭尽全力给 4 个孩子每人配一台雅达利 800 打字机。当时，扎克伯格年仅 10 岁，学电脑附送编程光碟，老扎克伯格看到儿子对数学和自然科学非常感兴趣，就用这张光碟教他学习编写程序。结果编了没几天，他的编程水平就赶不上儿子了，于是就只能给儿子买了一本编程参考书。

扎克伯格靠自学看完了编程参考书，后来他开始上中学，但是他对学校的作业毫无兴趣，只喜欢编程。老扎克伯格不仅没逼儿子使劲儿完成作业，而是请了个软件专家给扎克伯格当家教。软件专家名叫大卫·纽曼，没教多久他就跟不上扎克伯格的学习速度了。当时，扎克伯格决定把家里的所有电脑都连起来，这想法看似非常奇怪：家人之间互相喊一声不就行了吗，连起来有啥用？结果，这就是最早的社交网络的雏形，家人都觉得非常好玩，每个人坐在自己的房间，在电脑上就能说话。此时，扎克伯格还在上中学，但已给一家媒体公司开发了音乐软件，在附近大学读完了电脑课程，准备上哈佛大学。

扎克伯格在哈佛大学同时读了 IT 和心理学两个专业。20 岁那年，他在宿舍里搞出了 Facebook，其一周的访问量就超过了哈佛官网。专业人士评估网站的价值为 2000 万美元，扎克伯格决定从哈佛退学到硅谷创业。从哈佛退学是个很荒唐的决定，但老扎克伯格还是大力支持儿子。

没过多久，扎克伯格让父亲拿钱买自己企业 200 万股票，作为感谢父亲支持自己创业，却被老扎克伯格严词拒绝。Facebook 董事会硬把股票塞给了老扎克伯格，公司于 2012 年上市，老扎克伯格的股票时值 6000 万美元。现在，老扎克伯格还在纽约附近的小房子里当牙医，4 个孩子全部搬到西岸。他的患者在诊所里上 Facebook，但并不知道这位牙医的儿子就是 Facebook 的创始人。

扎克伯格也从父亲身上学到了这份低调和犹太人喜欢过有节制生活的态度，他一年四季都穿着一件一模一样的蓝色 T 恤，并开着一辆价值十几万美元的本田车。当有人嘲笑他穿同样的一件 T 恤会不会浑身发出汗味时，他幽默地解嘲道："我把同样的 T 恤买了 4 件，一个企业的领导人哪有时间和精力浪费在穿衣打扮上，我还有很多重要的事情要做。"最重要的是，扎克伯格从父亲身上学到了那种超越时代的眼光。他有一句经典的名言："我觉得最好的公司，不是因为创始人想要成立公司，而是因为创始人想要改变整个世界。"

除了上述家庭教育的因素以外，扎克伯格能够创立 Facebook

的灵感究竟从何而来？

他在清华大学的演讲，说出了某种重要因素：

"2004 年，我创立了 Facebook，因为我觉得能在网上和人连接是非常重要的。那时候，互联网上有很多网站，你几乎可以找到所有的东西：新闻、音乐、书、电影、商品，可是没有服务帮助我们找到生活中最重要的东西：人。

"关注人，是人类的特点。每个人都想跟朋友和家人联系。当我们可以分享和联系的时候，生活会变得更加美好。

"当我创立 Facebook 的时候，我不是要创立一个公司，而是想要解决一个非常重要的问题——把人们联系在一起。"

这就是扎克伯格的价值观，因为犹太人非常关注人与人之间的关系。在犹太家庭中，父母和孩子在学习中的关系相当平等。当扎克伯格"青出于蓝而胜于蓝"的时候，他的父亲非常高兴。

在犹太人的教育传统中，激发孩子的好奇心是生命的必需品，就像每个新生婴儿都要打疫苗一样。而鼓励孩子提问题，向老师提要求，更是犹太教育专家们所公认的、犹太孩子应对未来变化的重要能力。中国孩子的提问和回答通常都会围于长幼身份、师生关系、亲疏远近等原因，既怕暴露自己的无知，又担心显得骄傲，更怕得罪长辈和权威。而对于犹太人来说，事实就是事实，学习不分对象。这种在真理面前人人平等的思想，形成了犹太人一直敢于打破现状、实现进步的良好传统。2004 年，诺贝尔化学奖得主阿龙·切哈诺沃会特意告诉每个即将毕业的学生："我们在学校所学的知识，将来有一半以上都会过时，或被证明是错误的。所以，我们应该敢于质疑和提问，学会探索。"

犹太人认为，对一件事有"知识"，不仅仅是要思考它，还要通过体验来认识它。而所谓"知道"，不是纯粹的脑力劳动，而是要通过实际行动来理解它，或者创造新的知识。比方说，犹太的小朋友从小就会做家务，养成独立解决生活问题的习惯，父母一般不会代劳，否则就是剥夺孩子参与实践和探索的机会。

在犹太人看来，失败也是一种学习。犹太家庭会刻意培养孩子坦然接受失败的过程并继续挑战，在反馈中提高学习的能力。既然孩子有好奇心、热爱真理又不怕失败，还有什么理由不成功呢？教育的本质是自我教育和终身教育，一旦孩子养成终身学习的习惯，一定会走向成功。

在妻子怀孕后，扎克伯格公开宣布要给自己休两个月产假，而 Facebook 的男员工也会享受同等待遇的福利。因为在犹太家庭里，女性的地位非常高，《塔木德》中把母亲称为"家里的灵魂"。犹太人非常重视家庭，并认为真正幸福的人，是能够得到家人肯定和尊重的人。

如果你问一个犹太人什么时候最幸福，大部分人都会回答："和家人在一起，在餐桌上能够畅所欲言，分享亲密谈话的时光最幸福。"

因此，扎克伯格夫妇在谈恋爱期间就相互约定，即使每周再忙，也要保证独处聊天的时间。就仿佛犹太人每周要过安息日一样，从星期五太阳落山到星期六太阳落山，犹太人要停下手中一切工作，和家人在一起享受天伦之乐，同时探讨真理和智慧。

扎克伯格和华裔妻子普莉希拉在哈佛大学读书时相识，两人相恋 9 年后，于 2012 年步入婚姻殿堂。2015 年 8 月，扎克伯格在 Facebook 上宣布妻子怀孕，并称"我们的生活揭开了新的篇章"。扎克伯格曾表示，妻子怀上这个孩子并不容易，在想要孩子的两年时间里，普莉希拉经历了三次流产。扎克伯格持有 Facebook 公司 400 万 A 股股份，以及大约 4.19 亿优先股股份。扎克伯格表示，在可预见的未来，他计划保留自己在 Facebook 的多数投票权。

当扎克伯格喜得千金的时候，夫妇俩给孩子写了一封长信，并宣布捐出 99% 的 Facebook 股份，捐赠金额现值约 450 亿美元（约 2879.8 亿人民币）。在那封信里，有初为父母的喜悦、爱和责任，也有 Facebook "互联网社区 + 医疗 & 教育 = 促进平等"的宏伟蓝图。

扎克伯格夫妇在信中明确提出了两点：开发人类潜能和促进平等。在信中，扎克伯格夫妇解释说，开发潜能意味着不断拓展人类生活的美好极限，促进平等则是为了确保每个人都有这样的机会。"我们的社会必须这样做，不仅出于正义、慈善，也是为了伟大的人类进步。"在这封信中，扎克伯格夫妇预言了未来教育的四大趋势：

1. 个性化、定制化学习：学生根据自身的兴趣、需要和目标，找合适的老师有针对性地学习；

2. 突破时空限制：不受生活地点的束缚，不受同龄人学习进度的束缚，这点要通过互联网实现；

3. 学习将成为一种探索：学习将不再是记忆前人的经验、知识，而是掌握可实践的技能，甚至探索前所未有的领域；

4. 教师将不再是一种全职职业：它将不受年龄、职称、学历的限制，只要某个人在某个领域很出色，就可以在这个领域中灵活性地参与教学活动。

Facebook 的用户数量庞大，其社区基础完全可以实现"人找人"，也就是想学的人找到能教的人、同学的人。所以，对接资源、嫁接教育、开启个性化的互联网学习时代只是个技术问题。

扎克伯格夫妇表示他们正在研发相应的技术，其测试结果很好，"学生不仅在考试中表现得更好，还能获得技能和信心"，并认为"旅程已经开始"，未来的学校在技术和制度上都会发生巨变。

扎克伯格和妻子正在建的学校名叫"Altschool"，位于加州东帕罗奥图，专收贫困儿童。他们建的学校有以下特点：

1. 学校致力于给弱势群体的孩子以平等受教育的机会。

东帕罗奥图距离 Facebook 总部所在的 Menlo Park 仅有十多分钟的车程，但这个地方是有名的高犯罪率、高失业率、低收入家庭聚居的城市，当地公立学校的教学质量也很低。

普莉希拉曾多次表示，性侵、家暴等家庭问题会形成慢性压力，进而影响学生的脑部发展，导致学习障碍。所以，"Altschool"致力于给弱势群体的孩子平等的受教育机会，进而促进他们的潜能发展。

2. 学校完全免费，学生还享受全方位的医疗服务。

普莉希拉就读哈佛大学时曾辅导波士顿贫民区的学童，她发现课业辅导无法为学生的人生提供实质性帮助，真正有效的做法是改善他们的家庭环境、提供完善的医疗保障。所以，"Altschool"接受未出世的孩子抢先"入学"，孩子的母亲可以得到适当的产前保健。

3. 和家长一起制订孩子的成长计划。

这种名叫 Altschool 的定制化学校，将为每个家庭配备一个健康和教育教练，教练将与父母一起为孩子制订成长计划。

这所学校将从 2016 年 8 月开始运行，最开始只有 3 个学前班，未来每年会增加一个年级，一直增加到八年级。

这所学校的创始人马克斯·文迪拉之前在谷歌负责个性化服务，并创立了 Google+ 等产品。当他想在旧金山为女儿找一所小学就读时，发现大部分学校都是填鸭式的教学，个性化的学校数量很少，而且学费很贵。他觉得美国的教育太落后了，于是决心改变现状。

他认为数字化时代的学校应该是这样的：

1. 学校不再是一个孤立的机构，Altschool 是由一系列微型学校组成的。每校有 80 ~ 150 名学生，目前共规划了 8 个校区。

2. 学校有由技术专家开发的个性化在线平台，老师可以在线集中备课，而学生可以在平台上选择最适合自己的个性化学习策略。Altschool 的雇员中有三分之一是软件工程师。

3. 学校不分年级，社区化学习：年龄相近的孩子分在同一个班，坚持 25 人以下的小班化教学和高师生比，让老师充分了解学生，因材施教，保证效率。

4. 以完成项目为驱动实现个性化学习：每个学生的 Playlist（和课程表相似）包含了一周 20 ~ 25 个需要完成的项目，每个学生的学习进度和感兴趣的方向都不同，没有任何一个学生会收到完全相同的 Playlist。

此外，孩子们在 Altshcool 时每周可以外出考察一次，实地探访博物馆或参加科学研讨会，接触更广阔、更真实的世界。学生们每天还有 SEL（社会情感学习），帮助孩子与世界以及社会建立关系。

关于 Altschool 的学习情况，有这样一篇新闻报道：

每天早上学生进门后在 iPad 上用学校开发的 App 签到。这个平台，从签到、成绩、食物过敏信息、个性化学习方案（PLP），到学生的兴趣、优势和劣势应有尽有，老师和家长都能拿到孩子在学校的一手信息。孩子每周通过平台接收"个人任务列表"，包含个人及小组清单。

除了 Altschool 以外，硅谷大佬们似乎都在进军教育领域，比如特斯拉的 CEO 埃隆·马斯克为自己的儿子建立的私立小学 Ad Astra，其名字来自拉丁文，意思是"前往星际"。除了马斯克家的 5 个孩子，学校里还有不少 SpaceX 公司员工的孩子。

曾投资了 Skype、百度、Tesla、Hotmail、Twitter、Tumblr、Yammer、Box 等诸多科技创业明星公司的风险投资人蒂姆·德瑞普创办了 Draper University，其目标是为硅谷乃至世界培养一批具备创业素质、追求远大梦想、果敢坚毅、绝不放弃、追求完美、能承受失败打击、不断全力以赴、冲破阻碍、成就千伟大事业的年轻人。

为什么硅谷大佬纷纷投资教育事业?

也许因为教育事业是真正的朝阳产业，有很好的全景。但有一点是这些大佬对这个世界的共同期望，也是扎克伯格给女儿的信中开头所说的一句话，同时也是每个家长的心愿：我们希望，你长大后的世界比我们现在的更加美好。

每一个真正伟大的人物都将成为历史。我们有理由相信，扎克伯格也将因 Facebook 的创立增进了人与人之间的理解和沟通而成为一位伟大的人。

2.3 没有好奇心的孩子，连上帝也不会原谅

小时候，每个孩子都眨着一双好奇的眼睛，追寻十万个为什么，仿佛每个孩子都能成为科学家；后来，他们忙于写作业和考试，在标准答案的浸泡下不再追问，甚至为了老师的"面子"而不好意思打破砂锅问到底；从此以后，他们变成了一群"严肃"

的孩子，虽然他们门门功课都拿优，却远离大自然，看着群星闪烁的夜晚也不再好奇，闻着扑鼻的花香也不再激动，遇到嬉戏的小羊小马也不再追逐，只喜欢网络凶杀暴力游戏和明星豪车，很早就开始厌学，见到朋友热情的问候也面无表情，见到沿街乞讨的乞丐更是不屑一顾。

他们的好奇心究竟哪儿去了？

难道他们天生就是麻木的一代吗？

许多名人和伟人都是从小在求知欲和好奇心的驱使下，通过终生艰苦卓绝的努力走向成功的。苏格拉底执着于"我到底知道些什么"，柏拉图一生都对"怎样才能在尘世建立起一个理想国"感兴趣，亚里士多德对"整个世界的奥秘"很好奇，释迦牟尼发誓要"消除人世间的痛苦"，耶稣基督则绝意"拯救人类的灵魂"，而牛顿、爱因斯坦、法拉第等人则在好奇心的驱使下渴望洞悉宇宙的奥秘……

可怜的人类啊，我们的好奇心究竟哪儿去了？

好奇心，宛如每个新生儿必须要打疫苗一样，是犹太家庭教育中从小就植入孩子心灵和大脑的智慧维生素，从而使每一个犹太人从小就热爱思想，对自然和宇宙产生无限的好奇，愿意探寻真理和智慧的奥秘。

"爱发问"似乎是犹太人的天性，尤其是犹太的学生，他们的脑袋里似乎塞满了取之不竭、用之不尽的"大问号"。在以色列旅行的过程中你会发现，常常有许多中学生对陌生人非常热情，刚握完手后，就连珠炮似的问出许多奇怪的问题。诸如，中国人都爱吃什么食物？中国的人口有多少？以色列和中国最大的差异是什么？为何愿意来以色列旅行？在讨论中容易互相了解，在交流中容易产生友谊。所以，一个陌生人很快就能和以色列人成为朋友。

有一次，有一名中国企业家在旅行过程中遇到一位犹太青年。刚打完招呼后，这位年轻人竟劈头盖脸地向这名中国游客发问："你看到最近的一则中国新闻吗？一般家庭好像可以生二胎了。"当时十八届五中全会刚刚结束，以色列的新闻节目曾多次报道"开放二胎"的决定，甚至在电视台的许多节目中深入讨论过这一"石破天惊"的问题，以及这项改革对中国和世界所产生的影响。这让中国企业家颇感纳闷：一个普通高中生为何会思考这么一个和他毫无关系的问题呢？接着，两个人就开始讨论中国计划生育政策的改变，以及随之而来的种种有趣现象。以色列青年听得津津有味，他提出更多的质疑和反馈。例如，以色列人普遍重视孩子，尤其是正统犹太教人士存在"多子多孙"的现象。

从这个脸庞上带着纯真气息的以色列年轻人身上，我们可以看到几种特质：自信、独立、好奇和创造力。这番对话让这位中国企业家不禁想："今天同这个以色列高中生的对话，是否会出现在中国的学校和社会中呢？每个孩子对世界都充满着无穷的好奇心和发问的能力，中国孩子的好奇心究竟哪儿去了？"

以色列著名教育家莎莉文曾在一场"中以教育论坛"上提到："在以色列，学生经常会给老师提要求，让老师不要唠叨得太多，不要把那些根深蒂固的旧观念灌输到自己的脑子里。"学校鼓励孩子对老师提出各种要求，这是以色列人公认的未来孩子应对今后变化所应具备的能力之一。以色列的教育文化提倡，在现实世界里，孩子需要良好的感知能力、分析能力以及将各种能力进行整合应用的能力。这也是以色列创新产业擅长把不同领域的高科技产品，整合为创新产品的社会共识。莎莉文认为，一个孩子在2岁到3岁的成长阶段，存在着质的飞跃。此时，他们具有强烈的好奇心，一定要让孩子从小做好准备，学会如何提问，培养他们良好的思考力和与人沟通的能力。

犹太传统中有这样一种说法："上帝说，每个家庭有4种类型的孩子，第一种是聪明的孩子，非常热爱学习，知道世界上的很多事情；第二种是坏孩子，他可能很聪明，却不太喜欢学习，还有可能会做些坏事；第三种是普通孩子，没有什么突出的优点，既不聪明也不笨；第四种是不知道如何提问的孩子，根本没有好奇心，对世界上的任何东西都没有兴趣。"犹太人认为，前三种类型的孩子都有教育其成才的办法，唯独第四种孩子，既不知提问，也没有好奇心，是最糟糕的和最无可救药的孩子。

人一旦具有好奇心，就要去体验和实践，希伯来文化中对知识和智慧有着不同的认识。犹太人认为，对一件事有"知识"，不只是思考它，而是去体验它；所谓"知道"，不是纯粹的脑力活动，而是指实践并采取行动。这些观念都会落实到以色列的教育中。在以色列的学校里，孩子们常常会共同准备并享用每一餐饭：同老师一起切菜、淘米、洗涮。对每个成年人而言，要在餐后洗碗和洗漱，是因为我们都知道卫生很重要，但对于孩子来说，要让他们从小通过实践认识到劳动和卫生的重要性。因此，在以色列的许多启智中心里，残疾人也不会被剥夺整理餐桌和自我实践的机会。

逾越节在犹太传统里是非常重要的节日，和住棚节、五旬节一起是犹太传统里最重要的朝圣节日。在逾越节的晚上，每个犹太家庭的一家老小都会围桌而坐，一起诵读《哈加达》——一本引导犹太人整晚学习的传统典籍，描述了犹太人从埃及被奴役逃跑到"应许之地"以色列的典故。

读完了逾越节的故事，接下来会进行非常有趣的环节，让最年长的家庭成员诵读《哈加达》，这是为了让大家知道《妥拉》中提到的四个孩子：聪明的孩子、坏孩子、普通的孩子和不会提问的孩子。

这四个孩子的排序和《妥拉》无关，和人的道德水平也无关，他们被按照智力水平来排序——聪明的孩子第一，第二是聪明但不爱学习的孩子，然后是普通的孩子，最后才是那个不会提问题的孩子。

正如要上历史课一样，以色列的孩子都会上《圣经》课。两种课的区别是，历史课在讲述历史故事的事实，讨论问题是为了更好地理解其中的细节，比如何时发生，怎么发生的。而《圣经》课则专注于一个问题：为什么——为什么会发生？为什么他不是这样做而是那样做？

《妥拉》里有这样一句话："我们的《圣经》有70张脸。"这不是说犹太人的《圣经》有70张人脸，而是指它能从70种不同的角度来分析和阐述问题。所有的问题都取决于读者，一个8岁的天真孩子或者一个 80 岁的睿智老者都能找到适合自己的角度去理解。和其他课程相比，比如数学、历史、地理和《圣经》课里没有对错之分，也没有黑白之分，它可以是各种颜色，关键取决于你从哪个角度去看问题。

"做为一名犹太人就是要不断地问问题"，犹太父母常常这样告诉孩子们。《塔木德》也不断告诉人们："问问题会促使人去质疑、思考和挑战现状。"所以，犹太孩子从小就会被父母带着去参观各种博物馆，去读书，去剧院，父母会努力让他们学习更多的新奇事物，并不断地让孩子去提问、思考和寻找解决问题的方法。作为犹太人，他们不把学习当作实现目标的工具，而是重视实现目标的过程。学习不是关于知识，而是和智慧有关。贯穿整个犹太教育的特点是，他们不仅是学习纯粹的知识，而是学习如何理解知识、使用知识、发现知识和创造知识。

"两个犹太人就有三种观点"，这是一句古老的犹太谚语。没有什么比这句话更能描述犹太式学习的方法和目标了。不管在什么情况下，无论是准备学校的演讲，还是最近看到的雕塑，犹太父母总是让孩子回答两个核心问题："你想的是什么？为什么你会这样想？"只要你能用清晰的逻辑解释清楚是什么和为什么，你的答案就会被认为是对的。所以，犹太小孩从五六岁开始就被这样反复训练。

从摩西时代到现代，犹太人都很难被领导，因为他们不安于现状，也不轻易接受任何人的领导。他们总是不断地提问题并挑战所有事物，最后变成不断在过程中"找碴儿"并令人讨厌的"流浪者"，却产生了无数的名人、伟人和发明创造。

犹太人理查德·费曼是著名的"犹太鬼才"美国物理学家、1965 年诺贝尔物理奖得主。费曼是 20 世纪最重要的物理学大师之一，他对任何事物都具有强烈的好奇心，除了研究物理学以外，他还有许多传奇的经历：他曾破解了洛斯阿拉莫斯实验室保险柜的密码，他能够演奏手鼓，破译玛雅象形文字和绘画，甚至调查航天飞机失事等。

在费曼还未出生前，老费曼就对他的母亲说："要是生个男孩，就把他培养成一名科学家。"当费曼还坐在婴孩椅上的时候，他的父亲有一天带回家一堆小瓷片，就是装修浴室用的各种颜色的马赛克。老费曼把它们叠垒起来，像多米诺骨牌似的，结果被费曼一下子全部推倒了。

没多久，小费曼又帮着把小瓷片重新堆起来，这次老费曼变出了些复杂的花样：两白一蓝，两白一蓝……他母亲忍不住说："唉，你让这小家伙随便玩不行吗？他爱在哪儿加个蓝的，就让他随便加好了。"

老费曼回答道："这可不行！我正教他学习什么是序列，并告诉他这么么有趣啊！这是学习数学的第一步。"老费曼就是通过这种方法，引导小费曼探索世界和大自然的奥秘的。

恐龙到底有多大？费曼家有一套《大英百科全书》，老费曼常让小费曼坐在他的膝盖上，给他念里面的一些章节。有一次念到"恐龙的身高有 25 英尺，头有 6 英尺宽"时，老费曼停顿了一下说：

"唔，让我们想一下这是什么意思？这也就是说，要是恐龙站在咱们家门前的院子里，那么它的身高足以使它的脑袋顶着咱们这两层楼的窗户，可它的脑袋却伸不进窗户，因为它比窗户还宽呢！"就是这样，费曼的父亲总是把他所教的概念变成可触摸和有实际意义的东西。

费曼在一篇文章中回忆自己的父亲：

那时我们常去卡次基山，那是纽约市的人伏天避暑消夏的去处。孩子的父亲们工作日都在纽约干活，周末才回家。我父亲常在周末带我去卡次基山，在漫步于丛林的时候给我讲好多关于树林里动植物的新鲜事儿。其他孩子的母亲瞧见了，觉得这着实不错，便纷纷敦促丈夫也学着做。可是这些丈夫并不理她们，她们便来央求我父亲带他们的小孩去玩。我父亲没有答应，因为他和我有一种特殊的关系，不想让别人掺和进来。

于是，其他父亲们也就只好带着他们的孩子去山里玩了。周末过去后，父亲们都回城里做事去。孩子们又聚在一起时，一个小朋友问我："你瞧见那只鸟儿了吗？你知道它是什么鸟吗？"

我说："我不知道它叫什么。"他说："那是只黑颈鸫呀！你爸怎么什么都没教你呢？！"

其实，情况正相反。我爸是这样教我的：

"看见那鸟儿了吗？那是只斯氏鸣禽。"（我那时就猜出其实他并不知道这鸟的学名。）他接着说："在意大利，人们把它叫作'查图拉波替达'，葡萄牙人叫它'彭达皮达'，中国人叫它'春兰鹅'，日本人叫它'卡塔诺特克达'。你可以知道所有的语言是怎么称呼这种鸟的，可是最终还是一点儿也不懂得它，你仅仅是知道了世界不同地区的人怎么称呼这只鸟罢了。我们还是来仔细瞧瞧它在做什么吧——那才是真正重要的。"（我于是很早就学会了"知道一个东西的名字"和"真正懂得一个东西"的区别。）

他又接着说："瞧，那鸟儿总是在啄它的羽毛，看见了吗？它一边走一边在啄自己的羽毛。""是。"我说。

他问："它为什么要这样做呢？"我说："大概是它飞翔的时候弄乱了羽毛，所以要把羽毛再梳理整齐吧？"

"唔……"他说："如果是那样，那么在刚飞完时，它们应该很勤快地啄，而过了一会儿后，就该缓下来了，你明白我的意思吗？"

"明白。"

他说："那让我们来观察一下，它们是不是在刚飞完时啄的次数多得多。"

不难发现，鸟儿们在刚飞完和过了一会儿之后啄的次数差不多。

我说："得啦，我想不出来，你说道理在哪儿？"

"因为有虱子在作怪。"他说，"虱子在吃羽毛上的蛋白质。虱子的腿上又分泌蜡，蜡又有螨来吃，螨吃了不消化，就拉出来黏黏的像糖一样的东西，于是细菌又在这上头生长。"

最后他说："你看，只要哪儿有食物，哪儿就会有某种生物以它为生。"

现在，我知道鸟的腿上未必有虱子，虱子的腿上也未必有螨。他的故事在细节上未必对，但是在原则上是正确的。

又有一次，我长大了一点儿，他摘了一片树叶。我们注意到树叶上有一个C形的坏死的地方，从中线开始，蔓延向边缘。

"瞧这枯黄的C形，"他说，"在中线开始时比较细，在边缘时比较粗。这是一只蝇，一只黄眼睛、绿翅膀的蝇在这儿产了卵，卵变成了像毛毛虫似的蛆，蛆以吃树叶为生，它每吃一点就在后边留下了坏死的组织。它一边吃一边长大，吃的越多，这条坏死的线也就越宽。直到蛆变成了蛹又变成了黄眼睛、绿翅膀的蝇，从树叶上飞走了，它又会到另一片树叶上去产卵。"

同上一例一样，我现在知道他说的细节未必对——没准儿那不是蝇而是甲壳虫，但是他指出的那个概念却是生命现象中极有趣的一面：生殖繁衍是最终的目的。不管过程多么复杂，主题却重复了一遍又一遍。

我没有接触过其他人的父亲，所以在当时我并不懂得我父亲有多么了不起。他究竟是怎么学会了最根本的科学法则：对科学的热爱，科学的深层意义，以及为什么它值得去探究。我从未问过他，因为我当时以为所有的父亲都理所应当地知道这些。

此外，老费曼还培养了费曼留意观察的习惯。一天，他在玩马车玩具。在马车的车斗里有一只小球，他拉动马车的时候，注意到了小球的运动方式，于是便找到父亲说："嘿，老爸，我观察到了一个现象：当我拉动马车的时候，小球往后走；当马车在走，而我将它停住的时候，小球却往前滚。这是为什么呢？"

"这，谁都不知道。"老费曼说，"一个普遍的公理是运动的物体总是趋于保持运动，静止的东西总是趋于保持静止，除非你去推动它，这种趋势就是惯性。但是，还没有人知道为什么会是这样。"这是对"惯性"非常深入的理解，老费曼让费曼从小就学会观察和思考。

老费曼接着说："如果从边上看，小车的后板擦着小球，摩擦开始的时候，小球相对于地面来说其实还是往前挪了一点，而不是向后走。"小费曼跑回去把球又放在车上，从一旁进行观察。果然，父亲说的没错——车往前拉的时候，球相对于地面确实是向前挪了一点。

老费曼就是这样从小教育费曼，他用许多现实生活中的实例来培养费曼的好奇心和想象力，让小费曼没有任何压力，只是兴致盎然地讨论和探究，从而使费曼对所有的科学领域都着迷，而且在理论物理学领域取得巨大的成就，他所写的《物理学讲义》成为全世界孩子学习物理学的经典教材。而这一切，都要归功于他父亲的启蒙教育。正如费曼所说："从某种意义上说，我是上瘾了——就像一个人在孩童时尝到什么甜头，就一直念念不忘。我就像个小孩，一直在找前面讲的那种奇妙的感受。尽管不是每次都能找到，却也时不时地能做到。"

典型的犹太教育总是鼓励孩子不断提问和解决问题，正如一位在中国的以色列犹太人拉菲尔所言："在生活中，就像逾越节人们聚集在一起读的《哈加达》中所说的一样，不会成长、落后的人不是那些没有提正确问题的人，而是那些根本不会问问题的人。当你问问题时，你就会开始思考；当你开始思考时，你就会开始学习；当你开始学习时，你就会开始成长。这就是犹太教育告诉我们的一个道理：学习不停，问题不止。"

2.4 以色列的人才是怎样炼成的

以色列有"创新的国度"和"智慧的国度"之称，拥有强大的创新能力和丰富的创新资源，科技对 GDP 的贡献率高达 90%，高科技产业的产值和出口额分别占全国工业总产值和出口总额的一半左右，在生命科学、现代医学、信息技术、新能源、水处理等诸多领域的科技实力处于世界领先水平。以色列凭借仅占全球千分之一的人口和非常有限的资源创造出了举世瞩目的奇迹。究其原因，同犹太人独特的历史、文化传统和价值观，以及以色列与众不同的教育体制有很大关系。

首先，怀疑和争辩是犹太人的重要特点，正如一句犹太谚语所说："两个犹太人就有三种观点。"在以色列，上至国家议会开会，下到普通百姓的日常生活，激烈的争论成为解决问题的最好方法。人们一见面就有可能"吵"得不可开交，不同观点经常会产生激烈的交锋，最后根据不同观点采取不同方案的解决办法，在真理面前人人平等。在以色列，绝对不会出现谁官大就按谁说的做的现象，而是"谁说的对"就按谁的方法做。在各种各样的论坛和研讨会中，经常会出现的现象是对各种各样解决问题方案的讨论，大量的创新观点、创新想法或者创新方式都会在激烈的"头脑风暴"

中产生。以色列人和中国人的不同之处在于，虽然大家在讨论会中针锋相对或互相争得面红耳赤，但绝不会出现因意见分歧而"老死不相往来"的情况，犹太人从来不搞人身攻击，也不会把别人的过错太放在心上。一旦大家达成共识，就会团结一致，共同努力，实现目标。

1948 年 5 月 14 日，以色列建国以后，虽然有大量的犹太人为了寻求宗教和种族的归宿感而移居"圣地"，但世界上仍然有一半以上的犹太人散居于各地，这种散居的方式在客观上让犹太人容易产生思想的交流、文化的碰撞和学科的交叉，容易出现创新思维。总之，犹太人来自世界各地，虽然同属于犹太族群，但彼此的生活环境不同、文化背景不同、教育程度各异，大家聚集在一起进行文化交融和思想碰撞，是巨大的创新驱动力。再加上散居于世界各地的犹太人都是各个领域的精英，而且拥有远大的理想，他们时刻关注和支持以色列的发展与创新，从而为以色列的创新提供了大量的资金来源和良好的国际交流平台。

以色列身处中东乱局，而且与周边的阿拉伯国家常年处于对峙状态，强敌环伺、兵源不足，导致以色列被迫实行全民兵役制度。以色列的法律规定，公民高中毕业后必须服兵役 2-3 年，退役以后每年至少要进行几周到几个月的集中轮训，这种预备役制度也成为以色列创新的重要驱动力。一方面，以色列军队培养了大量的创新人才，取得了大量的创新成果，并将其直接转化为民用技术；另一方面，军队聚集了各方人员，形成了良好的人际关系网，非常有利于技术交流和创新。在预备役中，当时军队中的下属以后也很可能成为公司中的上司，这一特点彻底打破了人类社会的等级观念，冲破了等级制度对创新创业的束缚。

长期以来，错综复杂的世界形势和种族宗教矛盾使以色列和周边阿拉伯国家的关系非常紧张。这些阿拉伯国家虽然在军事上没有打败以色列，但它们凭借地理位置的优势和广袤的土地，从交通和进出口贸易等方面封锁以色列，从而达到遏制以色列社会经济发展的目的。在这种大背景下，以色列人被迫大力发展计算机网络、软件、军事技术和通信等领域的高科技，以此来克服被强敌环伺的"幽闭恐惧症"。此外，这种临国的包围和封锁迫使以色列将产品出口到更远的国家和地区，并且出口那些体积小、不受距离和运费限制的软件和知识型产品，从而使其更加受到国际市场青睐。在全球经济转向知识型、技术型的大背景下，以色列在高科技领域取得了显著的成果，使其在创新上具有不殊的表现。

中国有句名言："失败乃成功之母。"要想发展创新产业，就必须接受失败。因为在创新过程中，必然会有大量的错误和失败，如果不能接受这些失败，就不会出现真正意义上的创新，这就是以色列独特的创新文化土壤。因此，以色列文化对"创造性的失败"或"聪明的失败"的接受度非常高。社会和军队中普遍认为，不管成功还是失败，所有行动的价值都是中性的，只要所承担的风险是理智的，也许从失败中学到的东西更多。正是这种对创新失败的接受精神，降低了以色列创新的社会负担和成本，让每一个人都参与到"大众创新"和"万众创业"当中。瑞士洛桑国际管理学院（IMD）发布的《2014 全球竞争力报告》指出，在以色列获得风险资本的容易程度全球排名第 3 位，以色列人均风险投资的总量是美国的 2.5 倍、欧洲的 30 倍、中国的 80 倍、印度的 350 倍，居全球第一。中国的著名企业阿里巴巴、百度、奇虎 360 等高科技公司均在以色列设立了风险投资基金。而这些发达的风险投资公司使大量的以色列初创企业能获得充足的资金支持，使创业的成功概率大大提高，直接促进了以色列科技创新事业的发展。

以色列在国家层面对创新产业的支持也不遗余力。以色列用于研究开发的投入占 GDP 比例每年保持在 4.5% 左右，全球排名第一；以色列的教育投入占 GDP 比例超过 10%，名列世界前茅。以色列的法律鼓励外资进入和工业创新，为来自世界各地的创新投资商提供最大限度的支持。此外，以色列政府还会为创新项目提供全球最先进的技术基础设施，以及完善的通信系统、可靠的能源基础设施、发达的交通网络，从而保障和提高创新的效率。以色列的法律非常透明，能有效地为创新者提供全方位的法律保障，严格的知识产权保护法规，保护商标、专利等各种知识专利，使每个创新者对在以色列投资都感到非常安全和放心。

正是这样的历史和现实文化背景，让大部分以色列人成为非常"难管"的员工，但他们却是世界各大顶尖企业或组织眼中"最好用"的人才。曾有人这样说："在哈佛大学或麻省理工学院，没有一个实验里没有以色列人；在硅谷高科技园区，没有一间办公室里没有以色列人。"虽然以色列只有 800 多万人口，从数量上在全世界所占比例极小，但在世界各大重要领域、重要机构和重要位置，以及获得重要奖项上，总是有犹太人的身影。所以，正如前世界首富巴菲特所言：“如果你到中东找石油，你不要到以色列去；如果你到中东找智慧，非以色列莫属。”

据以色列智库托布社会政策研究中心统计，从 2008 年至今，超过五分之一的以色列大学教授会被欧美名牌大学挖走。企业界就更不用说了，谷歌、Facebook、英特尔、三星、华为等科技大亨，不是把海外研发中心设在以色列，就是到以色列招兵买马，或者直接购买以色列的公司。以色列人成为世界各大企业最受欢迎的高技能人才，而这一切都和以色列的高质量教育有关。

以色列诺贝尔化学奖得主切哈诺沃说：“我们成功的秘诀不是大学，而是人才。”虽然亚洲的许多大学在世界大学的排名中，不比以色列的大学差，但从学生个人的素质来说，以色列人更喜欢冒险、挑战权威，不断尝试新事物。因此，新加坡、韩国等国纷纷到以色列观摩考察其培养人才模式，目的就是学习以色列人解决问题的创意思维和能力。因为“犹太人很会解决问题，一旦把困难的事情交给他们，往往会有出人意料的解答”，犹太父母在孩子很小的时候，就训练他们具备这种能力。

在以色列南方沙漠的约瓦塔集体农场公立小学，人们参观了二年级的一堂科学课，这一周的主题是“世界上的房子”。在教室里，只见十几个小朋友在动手做实验，老师没有站在讲台上读课文，而是引导他们思考如下问题：“做房子的材料有哪些？要怎么配合气候？哪些房子适合盖在什么地方？应该怎么设计？”以色列小孩正是在这样的理念引导下，从小就开始有意义地学习，绝不仅仅是为了考试而学习。

正如一位当了22年教师的希瑞所说，以色列小学采用"问题导向学习"的教法，用活生生的现实问题来刺激学生找到解决问题的办法。例如，沙漠中缺水，应该如何去找水？希瑞直言："教育的目的，就是让孩子有意义地学习。"所谓"有意义地学习"，就是引导孩子自己独立去探索，为解决生活中的实际问题而找到办法。一直到孩子高中毕业去服兵役，犹太人的这种锻炼都不会中断。

以色列青年18岁开始服兵役进入部队，要学习如何应对进退、缝衣服、煮饭和开车等基本生活技能；更重要的是，他们要进入战场，学会临场应变，求得生存。1973年，赎罪日战争发生时，以色列理工学院教授基南上前线打仗，当时他身上没有带任何弹药，他渡过苏伊士运河，深入敌人领土后，在战场看到什么就用什么打仗。他说："我们把敌人的碉堡改装得像五星级宾馆，我两手空空，只能临场发挥想象力，自己动手解决所有困难。"

据台湾学者观察，以色列学者身上有一种特质：他们不管学习什么专业，都非常熟悉其历史和文化，他们的历史感特别强。这是犹太教育中，对下一代影响最深远的一种特质。

犹太父母不只是重视教育，更重视亲子教育，尤其是教孩子阅读与背诵经典。以色列孩子从两三岁开始，就要背诵《妥拉》，从每周五的安息日开始，全家人要在一起聚餐，餐桌上必定会有亲子对答、吟唱《妥拉》经文的环节。犹太文化仿佛是他们的培养液，使他们随时都浸泡在自己的文化与历史长河当中。

犹太人到处流浪，他们必须随时做好准备，充实自己，才能平安地活着。犹太人有创新的思维，总是在寻找方法改进，他们从来不满足于现状。以色列人成为才强国的重要原因，还在于他们有持续培养人才的生态系统，不论是学术机构还是社会精英，都把培养杰出人才视为第一要务。

阿拉伯和以色列打仗打得正不可开交的时候，世界正举行选美比赛，那年，以色列小姐正好当选"世界小姐"。许多电影界的人士都围着她："小姐签约吧，将来你可以发大财了！""签约后你可以名利双收，何必回国呢，以色列正在打仗，那么一个小国，随时会被吃掉的！""你回去多可怕！你现在又有钱，又有名，留在美国吧！"这姑娘却在电视上发表这样的讲话："世界小姐不是我个人想选，我只是让你们知道，以色列是一个优秀的国家，所以我出来竞选。我想让人们知道：地球上有以色列这个国家，所以我要出来竞选。我今天被选上了，就完成了我的任务，我也想告诉世界：犹太民族是个优秀的民族，因为我是世界上最漂亮的女人，同时还想告诉世界：以色列这个国家正艰苦奋战，希望全世界的人民同情我们，支持我们！支持我们国家的独立！现在我的国家正在打仗，自己赚钱何用？我们以色列亡国两千年，但我们的文化不亡，所以我们还能建国。今天我要回去，为祖国而战，自己赚钱何用？"

她发表完这番讲话，第二天就坐飞机回国了。这个消息传出后，全世界都对以色列刮目相看！哇，以色列人真是了不起！于是，以色列的军队，军心大振，他们像打了鸡血一样，与阿拉伯国家的军队进行激战，这就是历史上最伟大的"六日战争"！这位以色列女孩的思想和行为代表了犹太人的一种精神。

魏茨曼科学研究所是以色列的国家科学院，位于距离特拉维夫20分钟车程的小镇雷霍沃特，科学院中人气最旺的是大卫森科学教育中心。艾尔朗教授是魏茨曼科学研究所的一名化学家，在他的办公室中，满桌满柜都是科学道具，还有一个非常显眼的恐龙粪便化石。头戴犹太小圆帽的艾尔朗投身于科学教育后，不仅热爱科学成痴，而且还钻研变魔术、做道具等技艺。为了普及科学常识，艾尔朗教授经常在网络上回答孩子们各种各样光怪陆离的科学疑难问题。

魏茨曼科学研究所的科教中心实验室免费向中学生开放，每天平均有两百多名中学生到这里进行科学实验，一旦有问题，可以当场向科学院的教授请教。魏茨曼的科学家每年都会固定到酒吧、餐厅、咖啡馆为一般民众讲解科学知识，而且场场爆满。实验室负责人戈兰说："政治人物也要具有基本的科学素养，才会有高质量的决策水平。"

基南教授在内盖夫沙漠推动诺贝尔计划，要在南部高中培养一流的化学人才。他一发出号令，就得到海内外的几位犹太诺贝尔化学奖得主的积极响应，他们纷纷前往内盖夫沙漠培训老师和高中生，第一年就设立了6个化学班，招募了140个学生。基南教授说："以色列没有石油没关系，人才是核心资源，如果培养不出聪明的人，我们就无法生存。"

在以色列，像基南这样积极培养年轻人才的老一代精英不乏其人。68岁的凯兹从外交部退休后，就到海法希伯来瑞里高中当义工，每周到校一次，指导学生参与国际外交。他协助希伯来瑞里高中实施了"青年大使"计划，为该校设计"媒体与公共外交"课程。2016年，十几位希伯来瑞里高中的学生到美国波士顿犹太社区巡回演讲，宣传以色列特色。

在全球的人才大战中，尽管以色列"火力强大"，但是以色列人并不满足。基南教授只要听到别人称赞以色列是"创新的国度"，立刻就会用数字来说话。他抱怨说，以色列有超过5000家新创公司，雇用了约12万名科技精英，但这些人只占以色列总人数的不到1.5%。基南认为，要想真正成为"创新的国度"，这个数字至少应该提高到2%，他说："如果我们失去2%的精英，那将比伊朗的核威胁还要严重。"

2011年10月，以色列材料科学家丹尼尔·谢赫特曼获得了诺贝尔化学奖，以色列国会专门为他举办庆祝会。身为知名数学家的科学与科技部长赫许科维兹骄傲地说："以色列很小，却有12位诺贝尔奖得主。"谢赫特曼冷冷地回答道："你是数学家，我们就来算数学：全球共1000多万犹太人，有一半住在以色列，另一半住在海外。至今总共有180多个犹太人获得诺贝尔奖。这表明，如果犹太人要想获得诺贝尔奖，住在海外的得奖概率要比住在以色列高10倍。"

谢赫特曼继续说道："以色列只有6位诺贝尔化学奖得主，可我们应该有60位才对呀！"很显然，谢赫特曼对以色列的教育现状并不十分满意。

2.5 中以学校教育的差异是什么

在世界民族之林，犹太民族以其对人类文明独特的贡献吸引了全世界的目光。尽管犹太民族人口非常少，却为人类贡献了数位伟大的思想家、艺术家、科学家、企业家、金融家和工程师。此外，他们还为世界贡献了流传千古的《圣经》和《塔木德》，成为人类道德和法律的基础。

许多人把犹太人称为"智慧的民族"或者"书的民族"，就是因为他们比其他民族更重视教育和学习。那么，犹太人在教育上有什么独特的地方呢？

第一，根据犹太教经典《塔木德》的规定，学习和钻研本身就是信仰的组成部分。犹太人虽然被称为"世界第一商人"，但是犹太人认为，发了财并不意味着成功，真正的成功是拥有知识和智慧，文化和智力的寿命比金钱更长。几乎所有的犹太人都认为，赚钱的目的就是为了更好地学习《妥拉》。

第二，《塔木德》认为，学者比国王更伟大。犹太人重视知识，所以也十分尊重有知识的学者和传授知识的教师。《塔木德》还认为，学者的地位不仅高于国王，甚至高于父母，因为"父母只是把孩子带入今世的生活，而学者则把孩子带入来世的生活"。

第三，犹太圣贤这样教导犹太人：读过很多书的人，如果他不会使用书本上的知识，就可能是头驮着很多书本的驴。因此，犹太人更重视智慧。智慧与知识不同，知识指的是自己知道的事物，而智慧是如何把所知道的知识和日常的生活结合起来，并能够理解知识、发明知识和创造新知识。

第四，犹太人崇尚创新。他们认为没有创新的学习只是一种模仿，学习应该是以思考为基础，要敢于怀疑，随时发问。在许多犹太人的家庭里，母亲在孩子放学后一定会问："孩子，今天你又提问题了吗？"

第五，犹太的家庭教育非常重视培养孩子的独立意识。犹太孩子从小在家里便以一种和父母平等的身份来相处，可以直呼父母的名字；他们需要零用钱，就必须帮助家里干活。正是这种平等和独立的思想，使孩子从小就认识到，要想生活得舒适一些，就必须靠自己的努力奋斗来争取。

第六，犹太人非常重视通过各种节日对孩子进行传统教育。犹太民族的宗教节日繁多，每个节日几乎都与其历史息息相关。每个节日来临之际，犹太人都会通过举办盛大的纪念活动，来启发孩子提出一些有趣的问题并且铭记他们苦难的历史。

第七，犹太人深谙经营之道。许多人认为，犹太人特别会赚钱，其实他们是通过不断的努力来充实自己的工作经验，从而一步步地走向发财致富之路。在这个过程中，勤奋、耐心、胆量和智慧无疑是他们的成功之秘诀，而良好的教育无疑是"路"之起点。

第八，犹太人具有良好的"世界公民"意识。虽然他们在民族历史中历尽磨难，但精神始终是乐观的、自信的，甚至是高傲的。在所遭受的磨难中，犹太人形成了一种特殊的心理素质，具有超凡的忍耐力和韧性，从而使其严于律己，遵纪守法。

第九，犹太人中有许多对世界文明的进程产生重大影响的人物，这些人物的成功和超凡的业绩都与独特的犹太传统教育有因果关系。

第十，以色列政府在教育上的经费投入在世界上名列前茅。许多以色列政治家和有识之士认为，对教育的投资并不是国家的负担，而是一种有效的国家资源。没有自然资源和金钱并不要紧，只要通过学校培养出高素质的人才，以色列就会创造奇迹。

第十一，希伯来语的复兴无疑是以色列教育的一大奇迹，语言是维系一个民族团结和复兴的纽带。希伯来语在古代曾经是犹太人的语言，《圣经·旧约》就是用希伯来语写成的，但是犹太人流散到世界各地以后，他们在日常生活中逐渐接受了其他民族的语言，这就导致了希伯来语的逐渐消失。19世纪犹太复国主义运动兴起后，提出了"一个民族，一种语言"的口号，以色列通过教育使希伯来语成为一种表现力强、词汇丰富的"活语言"和官方语言。

上述有关犹太教育的阐述，只是一些零散的观点，远不能反映犹太教育成功的奥秘。一个民族的兴盛和一个国家的复兴有许多方式，纵观日耳曼民族、大和民族和犹太民族的崛起和复兴，无不是以"教育为本""教育兴国"来延续和繁荣自己民族和国家的经济与文化。

《塔木德》里有这样的叙述：

拉比拉瓦说:"如果有两位教师,一位很称职,另一位更优秀,千万不要让后一位来取代前一位。在没有竞争的情况下,后一位因为自己的优秀就会变得闲懒。"但是,拉比拉夫却说:"根据'同行相嫉生智慧'这一说法,如果指派后一位来当教师,他会更加努力(通过努力工作来显出别人的无能)。"

拉比拉瓦又说:"如果有两位教师,一位教得比较快,但却会出现错误;另一位教得慢,却没有错误。此时要聘请教得快的来当教师,因为时间久了,错误会自然消失。"但另一位拉比不同意这样的看法,他说:"我们应该聘请教得慢却没有错误的人来当教师,因为一旦错误在学生的头脑中固定下来,就永远无法消除。"

这些观点就是犹太教师对教育的独特思考,就像他们鼓励不同的思考方法一样,他们的教育理念总是与众不同。不同的拉比主张不同的教育观,各有道理。在犹太传统教育中,只要能够引起孩子的学习兴趣,让孩子受到最好的教育,各种创新的教学方法都是被鼓励的。简要归纳,犹太教育具有如下特点:

第一,按照《塔木德》的规定,一位教师最多只能照顾25位学生。

一个教师所教的学生不应超过25名。如果人数增加,则必须再多聘请一位助教;如果人数达到50名,则应该有两位教师。

犹太人认为,课堂中的"质"远重于"量"。能保质保量地把少数学生教好,远胜于教更多的学生。犹太法典《塔木德》根据一位老师的精神、体力与能力，认为他的专注力与对孩子的关心，最多只能照顾到 25 位孩子。因此，现在的以色列学校也大多延续了这种小班教学的模式。

第二，教师在教学中首先应当教孩子能理解的知识。

犹太经典《虔诚者训》有云："如果你看到一个孩子学习《圣经》有进步，但却学不懂《塔木德》，那就不要勉强教他《塔木德》。如果他能理解《塔木德》而看不懂《圣经》，那就不要勉强他去学习《圣经》，我们应该将孩子能理解的知识首先教给他们。"

如果在课堂中孩子听不懂，就会对学习不感兴趣；对学习不感兴趣，就会产生厌学情绪；一旦产生厌学情绪，就会讨厌学校，并讨厌上学；一旦讨厌学校，并讨厌上学，后果将会如何呢？

第三，让每一位资质不同的孩子受到合适的教育。

《虔诚者训》一书中有另一项规定：当老师在教导学生时，若发现其中有孩子特别聪明，与其他同学一起上课，恐怕不利于他的成长。若老师以其专业的水准来判断，认为这个孩子必须要另行安排其他的教师来教，那么，这位老师就不能保持沉默，必须告诉他的父母。这样要求，就是为了让每一位资质不同的孩子受到合适的教育。

这就是中国传统教育中所谓的"因材施教"，"因材施教"是教育的最高境界，批量化教导学生很有可能误人子弟。

第四，让勤奋好学的学生与懒散的学生坐在一起，可以带动懒散的学生进步。

犹太传统认为，学生之间会互相学习，也会彼此竞争。老师应当利用学生之间这种微妙的关系，促进学生之间的互动，从而使勤奋好学的学生有效地影响懒散的学生。如此，懒散的学生不至于因被区别而自卑；而对勤学的学生来说，则赋予了他影响同学的责任。

因此，犹太传统教育中特别重视"学习伙伴"的价值，两个同学既可以互相辩论，又可以互相讨论，这样不仅可以大大地增加学习的趣味性，还可以在学习中进行竞争和深度学习。

第五，当学生听不懂时，教师不应该发脾气。

犹太人认为，教师要努力使那些学习稍有迟钝的人，不致在资质优秀的同学面前感到羞愧；要顾及他们的面子，免得他们在学习的道路上退缩。

老师可以为了学生的不当行为而生气并斥责，但绝不能因学生听不懂老师所说的话而生气；相反，老师应该对所教的知识反复说明，或用不同的方式来进行教导，直到学生们都能理解为止。

第六，对学习不用心、粗心大意的学生，老师可以训斥他们。

老师应多用鼓励和赞赏的眼光来看待学生。但是，对一些学习态度不认真的学生，老师则应展现出严厉的一面。

因为，对视学习为人生大事的犹太人来说，不愿学习或疏于学习自然是很严重的事。老师若能扭转学生的学习态度，就能改变孩子的一生。

第七，老师不应该加太多重担在学生身上，唯有轻松愉快地传达才会高效学习。

犹太人深知，在重大压力之下学习，效果并不好。况且，学习是一辈子的事，枯燥乏味的学习等于浪费生命。所以，不必在学习过程中给学生增加太多的负担。也就是说，不需要在短时间内将太多的知识强加在学生的身上。老师必须为学生创造一个轻松愉快的学习环境，让学生快乐学习，只有这样才能提高学习效率。

第八，教育孩子，既要一手抓紧，也要一手放开。

教育孩子必须用两面手法：一手鼓励，另一手责备；一手施压，另一手放松。让孩子在学习过程中有喘息的空间，因为在充满重担与压力之下学习，可能会让学生产生逆反心理，使学习变成一件枯燥乏味的事和对孩子的惩罚。在这点上，学校和父母不仅要达成共识，而且要互相配合，才能形成真正的良性互动。

第九，为了教学，教师应该保持身体强健与精神健康。

在《塔木德》中说，教师午夜即起、日间上课，教学期间斋戒、食无节制，都是被禁止的。因为，上述行为会损害教师的健康，在教学中给孩子们带来不良影响。

老师是孩子最好的榜样。只有身心健康的老师，才能在愉悦的状态下授课，并将快乐的情绪感染给学生。

第十，实物教学胜过概念教学，用摸的、看的绝对胜过用听的。

犹太人的教室不会局限在一栋建筑物里，小学老师会经常带孩子到户外教学。例如，他们不会只在课堂上拿着"牛"的图片，让学生认识这种动物，而是带他们到农场实地见到牛、摸到牛，甚至闻到牛的味道。这就是实物教学，对小孩来说，实物教学的效果比文字教学更胜一筹。犹太老师会带孩子到旷野中去，让孩子体验当年他们的祖先在旷野中的生活。

那么，中以教学方面还有哪些差异呢？简言之，有如下三点差异。

第一，教学目标不同：中国的孩子为考高分而学；以色列的学校是为了培养孩子的创造力、领导力、人际交往能力以及团队合作精神而学。

第二，教学方法不同：中国的教育以填鸭式和大量作业来给孩子灌输知识；而以色列学校则采用小班教学，在课堂上通过引导、讨论和自由提问等方法来学习，不提供标准答案，老师陪学生一起寻找答案，作业以论文为主，要求学生到图书馆和网络上查找材料，严禁抄袭。各科年度论文题目由学生自定并上报老师，如其中某个学生的题目是《太阳系内行星及其卫星之间的质量和引力关系的数学表达》，而中国学生则是按照老师的要求来完成作文。

第三，师生关系不同：中国的师生关系一般属于上下级关系或领导与被领导的关系；而以色列的师生关系则平等、自由、民主，老师会主动免费给学生补课。

犹太式学习智慧的特点在于快乐、高效、深度和创新，它把每个孩子都当作天才，挖掘他们的潜能，让他们成为一个自由、快乐、有个性、有创造力的"全人"，充分开发孩子的心智和大脑，并通过智慧改变自己的命运。

从教育产业化的角度来说，教育产品和普通产品也有巨大的区别：

1.判断普通产品的成功主要看销售收入，而教育产品不仅要有销售收入，更要重视质量，绝不能误人子弟。

2.普通产品的生产是条流水线，而教育产品的生产环节主要取决于教师团队的整体素质，包括他们的目标和理想、理念、内容、方法、心态和知识结构。慢工才能出细活。

3.普通产品的销售过程采用目标管理法会立竿见影，而教育产品的营销更依赖于客户的体验和口碑。

4.教育产品销售的特点是"万事开头难"，但一旦获得市场认可则会可持续高速发展，越来越容易，而普通产品会面临同质化产品的竞争以及市场饱和等因素的风险。

5.制造普通产品的生产商常常是贪求急功近利的所谓"企业家"，而教育产品的生产者应该是具有理想主义情怀的教育家。

我喜欢西塞罗的一句话："教育的目的是让学生摆脱现实的奴役，而非适应现实的需求。"所以，一个真正的教师不应该把学生困于固定教材、固定教室或仅仅停留在某种观念之中。

从长远的眼光来看，一个学校最终立足于时代（而不是通过一场运动一样来实现它的商业目的），甚至超越它所处的时代，最重要的工作就是积极营造一个教师个人成长的氛围，发掘并发展每个人的独特性（如同对待孩子一样）。日积跬步，步步为营，它终将会走在时代的前列。

中国教育家陶行知先生这样说：

"办学管校与改造社会是完全统一的一件事。社会含有学校的意味，学校含有社会的意味。办学而不包含社会改造的使命，便是没有目的，没有意义，没有生气。所以教育就是社会改造，教师就是社会改造的领导者。

"不做无学；不做无教；不能引导人做之教育，是假教育；不能引导人做之学校，是假学校；不能引导人做之书本，是假书本。

"处处是创造之地，天天是创造之时，人人是创造之人。教师的成功是创造出值得自己崇拜的人。先生之最大快乐，是创造出值得自己崇拜的学生。说得确切些，先生创造学生，学生也创造先生，学生先生合作而创造出值得彼此崇拜之活人。"

正因如此，有人提出了"三生教育"的观点，即教育的终极目标是生存、生活和生命。德国作家赫尔曼·黑塞曾这样说过："我常常幻想未来的景象，梦想自己可能会成为的角色，或许是诗人、预言者、画家，等等，然而这些都不算什么。我存在的意义并不是为了写诗、预言或作画，任何人生存的意义都不应该是这些，这些只是旁枝末节。对每个人而言，真正的职责只有一个：找到自我。无论他将来是诗人还是疯子，是先知还是罪犯——这些其实和他无关，并不重要，他的职责只是找到自己的命运——而不是他人的命运——然后在心中坚守一生，全心全意，永不停息。所有其他的路都是不完整的，是人的逃避方式，是对大众理想的懦弱回归，是随波逐流，是对内心的恐惧。"也就是说，真正的教育是为了寻找到生命的价值和人生的意义，培养出拥有真正的理想，并找到真正的自我的"人"。

当下中国的基础教育最蛊惑人心的一句话，莫过于"不要让孩子输在起跑线上"，为了能在起跑线上领先，孩子们苦不堪言，家长们疲于奔命。在中国，教育犹如一条环环相扣的生物链，生物链的最高端就是大学，向着这个终点，家长们一环一环地逼近。于是，压力从高中、初中，一直压迫到小学，乃至幼儿园。所有的教育历程，仿佛都成了高考的"预备班"。显然，中国的以升学考试为中心的教育体系是一种"本末倒置"与"拔苗助长"的教育体系，侧重的是语文、数学、英语这三门核心课程的系统训练，这是一种重知识、重理性、重科学、重智商开发的左脑型教育，在社会竞争的生存压力下，以教育人们"学会工作"为目的，缺少自由玩耍与体育锻炼，缺少艺术活动的浪漫，缺少劳动与独立生活能力的塑造，缺少"爱心"与生态世界的培养，过早地让孩子在12岁以前灌输太多死知识，抑制了其形象思维与情商的生长发育，使右脑神经细胞由于缺少外在的形象化物象的刺激而全面萎缩，从而失去了想象力、生命激情与创造性，失去了生活的丰富多彩与生命的意义。

教育的本质究竟是什么呢？世界名著《追忆逝水年华》的作者、犹太文学大师普鲁斯特有这样一个文学观：写作是一种追寻，一种以快乐为核心的探索活动。这并非一项枯燥的、纯知识性的事业，而是广泛地探求我们与环境、同伴乃至整个世界的感官联系中所获得的财富。因此，他在自己的笔记里用简洁而优美的文字写道："幸福只是在琴弦最细微的触碰时所发出的颤音，一道阳光足以使其歌唱。"

法国作家普鲁斯特出生于战乱年代，从小体弱多病、意志薄弱，再加之父亲常年在外，使得他有强烈的恋母情结和同性恋情结，很容易被高大英俊的男子所吸引。在他8岁的时候，父亲由于担心他出现同性恋倾向并产生手淫的习惯，甚至出钱让他去妓院体验男女之事，但由于他过于胆小而没有成功。但他从小便喜欢观察，富于想象力，喜欢写作，终于写出了旷世名著《追忆逝水年华》。

每个孩子的潜能都是无限的，教育是农业而非工业，农业需要阳光、空气和水。人格结构＝需求＋情感＋价值观；智能结构＝知识＋能力＋思维方式。真正的教育不仅应该引导孩子心灵的健康成长，激发孩子的想象力和学习兴趣，使孩子的学习变成一种激动人心的智力探索、一种愉快的审美体验，以及一种满怀希望的文化旅行，从而让学习不再是一种负担，而是变成幸福生活的一部分。

因此，联想到人类的教育，是否也应该从小培养孩子探索一种以快乐为核心的活动，探索和理解人性和世界的奥秘，并挖掘其天性和潜能，让他成为最好的自己？

第三章　想些大问题，做些小事情

——随身携带的语言智慧

有儿童而不教育的家庭，必将是永远贫困的家庭。

——英国前首相、犹太人　狄斯累利

为了使这个女孩一生富足，她的嫁妆里必须有一部《塔木德》。

——犹太格言

怀疑是学习的钥匙，它可以打开知识的大门。因此，发问可以使人进步。

——《塔木德》

向猫学谦虚，向蚂蚁学正直；向鸽子学贞节，向公鸡学财产权。

——《塔木德》

3.1 以色列：全世界最爱读书的国家

犹太民族是一个具有强烈宗教信仰的民族。犹太人将学习视为信仰的一部分，学习是向上帝表示敬意。每一个犹太人都必须会读书。

在两千多年的大流散中，犹太人靠一本书维系了民族的生存与发展，所以该书又被称为"圣书之民"，这本书就是《塔木德》。《塔木德》被称为犹太智慧的基因库，"塔木德"是"钻研"或"道德训诫"之意。《塔木德》认为："学习是至善行为，是美德的本源，一个人的虔诚、至善、平和、优雅都是靠后天教育的结果。"

《塔木德》中说："坐在圣贤面前的有四类人：海绵、漏斗、过滤器和面筛子。海绵照单全收；漏斗，边进边漏；过滤器，滤走了酒，只流下酒糟；面筛子，筛除了粗面，得到了精粉。"我们在学习时，究竟应该做哪一种容器呢？这是每一个读书人都必须认真思考的问题。

有一本书叫《虔诚者的书》。传说古时候，犹太人的墓园中常常放有书本，他们相信死者会在夜深人静时走出来看书，这象征生命有结束的时刻，求知却永无止境。犹太人从不焚烧书籍，即使是一本攻击他们的书。古代的犹太人将一本书看得破旧得不能再看了，就庄重地将书埋葬，他们的孩子也要参与其中。犹太人还有这样一个传统习惯：书柜必须放在床头，不能放在床尾，否则会被视为对书大不敬而遭到众人唾弃。

《塔木德》中讲了这样一则犹太故事，说有一位青年人得到一个消息：他的父亲被抓到官府去了，需要10个舍客勒才能被保释出来。他急忙凑足了赎金，前往官府。到了那儿以后，却意外地发现自己的老师也在，这使他处于进退两难的境地：究竟是先保释老师还是先保释父亲？

这位青年人向拉比询问："我究竟该先保释谁出来呢？他们在我的心里同样重要。"拉比问他："你手上这10个舍客勒是如何来的？"青年立刻明白了拉比的意思。于是，这位青年将自己的老师先保释出来，又去凑了另外10个舍客勒再去保释他的父亲。因为他之所以能赚到手中的钱，正是因为他的老师将一技之长教给了他。

《塔木德》中说：宁可变卖所有的财产，也要把女儿嫁给教师。教师的地位高于父亲，也高于国王。一个教师死了，没有人可以取代他；一个国王死了，我们所有的人都可以取代他。

在大流散时代，《塔木德》规定：若对教师出言不逊、使之受辱，则会被处以罚款；严重者，甚至会被逐出犹太社区。因为，教师（学者）是一个高贵的职业，拥有人人都要尊重的身份；犹太人的传统是：尊敬老师，如同敬畏上帝。传统犹太社区中的教师就是拉比，负责教导《塔纳赫》（犹太教正统版本的《希伯来圣经》，包括《妥拉》)。现在，拉比是犹太学校的负责人与专职教师。他们是智慧与权威的象征，除了要解答学生的疑惑，还要引导并确立学生的人生方向；拉比的话语常常成为犹太人的生活准则。从某种角度来看，老师备受敬重，地位甚至超过父母。

《密释纳》中说："如果一个人同时要去为父亲和老师寻找丢失的财物，应该优先替老师找。因为，父母把孩子带进今世的生活，而老师则教给孩子智慧，把他带入来世的生活。"《密释纳》还规定："如果父亲和老师都挑着沉重的担子，就应该先帮老师，然后帮父亲；如果父亲与老师都被绑架，那么，应先赎回老师，然后再赎回父亲；如果父亲与老师同时落进水里，一次只能救一个，就应先救老师。"

以色列建国后，因为爱因斯坦在科学领域的巨大贡献，也因为犹太人对学者的敬重，以色列政府便向爱因斯坦发出了邀请，请求他到以色列担任总统。但爱因斯坦对科学的热爱远胜于担任总统这样的世俗职务，所以拒绝了。后来，他成为希伯来大学和以色列理工学院的创始人。

犹太人渴慕知识和智慧，无论流浪何方，都能顽强地生存下来，并努力使自己民族的文化和精神发扬光大。在犹太人看来，智慧比知识更重要。读书的目的就是拓展知识，具备了丰富的知识以后再学会思考，你就会明白做人的道理。何为知识？知识就是万事万物的真相和客观存在，而智慧就是将万事万物的真相与客观存在进行无限连接，归纳总结出来的解决问题的最佳方案。

《圣经》中有这样一句话："人不能单靠食物而生存，而是要靠上帝口中的话语。"这句话几乎成了每个以色列人的口头禅，他们以此作为座右铭来激励自己，从而养成了求知好学的习惯。在以色列人看来，文学、诗歌、音乐、艺术对人类如同水和粮食一样重要，读书成了他们生活中不可或缺的一部分。爱因斯坦拒绝担任以色列的总统，正是顺应了犹太式的传统思维方式。因为在犹太人看来，有知识的人是最聪明的，他们掌握着世界的真理，让他们来统治国家，将会是国家的幸运。但是，对于真正追求知识的人而言，没有任何的世俗名利可以左右他的思想，没有任何的荣誉可以与他心目中的智慧相提并论。

犹太社群里对教师有着很严格的要求与规定：教师在道德与信仰上，应当具备最高的资格。犹太谚语说："如果教师像是上帝的使者，则可听他讲解《妥拉》；如果教师不像是上帝的使者，则不可以听他讲解《妥拉》。"也就是说，身为教师，必须拥有一流的品格与学识，才可以做众人的表率。那些言行不一的、性情急躁的或脾气不好的人，都不能胜任教师一职。

因此，现代的犹太父母为子女选择老师时，会从如下几个环节去思考问题。

1. 孩子在学校快乐吗？

孩子是否处在一个愿意接受知识的人文环境中很重要。

2. 教师是否会公平地对待每一个孩子？

这一点决定了教师是否能够辨识每个孩子的天赋或专长。

3. 教师是否经常对孩子的能力提出挑战？

这一点决定了是否能够充分地激发孩子的潜能，从而使孩子的能力发挥到极致。

4. 孩子是否能够学到高效的学习技能？

高效的学习技能不仅仅在于理解和消化知识，还包括从小对孩子进行逻辑思辨能力的训练。

5. 教师安排的课业数量是否适合孩子的能力？

如果给孩子安排的课业负担过重，超过了孩子的承受能力，就会使孩子厌倦学习。

6. 家庭作业是否有趣？对孩子是否有用？是否有明确目的？

这三点是犹太式学习法的精髓，决定了孩子是否能够养成主动学习的习惯。

7. 孩子是否有机会与能力相当的同学进行交流，并交换学习心得？

犹太式学习法非常重视学习伙伴之间的合作与交流，从小培养学习中的团队精神，并使相互之间的不同想法能够得到充分的交流。

8. 教师是否关心孩子的情感需求、社会需求与心理需求？

这是培养孩子健全人格的重要基石，如果学习中不能全方位满足孩子的各种需求的话，孩子走向社会以后就会不能与人和谐相处，有可能患心理疾病。

9. 相对于孩子的年龄与成熟程度，教师对孩子的期望是否合理？

　　过高地苛求孩子不仅不利于培养孩子的自信心，而且会伤害孩子的自尊心。

10. 在为孩子布置作业时，教师有没有为孩子留下游戏与玩耍的空间？

　　寓教于乐是犹太式学习法的又一大特点，能最大限度地提高孩子的学习效率。

11. 对孩子而言，课堂作业是否具有相当的难度与趣味？

　　要根据每个孩子的特点与能力布置作业，真正做到因材施教。

12. 教师能否接受父母对学校活动进度所流露的关心与担心？

　　学生、家长和老师应该进行合理的交流互动，形成共同的目标、理念和价值观，因为他们本来就是一个团队。

13. 学校的行政单位是否支持教师在课堂上的努力？

　　判断一个教师是否优秀有三条标准：敬业精神和职业道德、课堂中的创新方法以及团队合作的精神。

　　据统计，目前以色列年人均阅读量为64本，居世界第一。

　　那么，为什么以色列人的年人均阅读量会跃居世界第一呢？

　　首先，因为犹太人尊重读书和知识，并且传统代代相传。在每一个犹太人家里，当小孩子稍微懂事时，母亲就会翻开《圣经》，滴一点蜂蜜在上面，然后叫小孩去舔书上的蜂蜜。这种仪式的用意不言而喻：知识是甜蜜的。因为只有甜蜜的知识，才能激发孩子的学习兴趣。

其次，同以色列国家的文化政策以及对公共阅读机构的大力扶持有关。以色列的公共图书馆和大学图书馆共有 1000 多所，其中学术和专门图书馆约 400 所，是全世界人均拥有图书最多的国家，可以说，平均每 4000 人就会有一个图书馆。不仅仅是城市，每个村镇和基布兹都会有陈设典雅的图书馆和阅览室，图书馆和书店成为以色列最繁忙和拥挤的公共场所之一。

在以色列的繁华街道都设有书店，而且国家在大型私营书店的选址以及税收等方面都会给予足够的优惠政策，从而保证国民的阅读不受经济发展带给书店经营方面的压力。以色列人认为，5700 多年犹太文化的传承和百余年的"犹太复国主义运动"，以及半个多世纪的现代化建设，为以色列的文学艺术创作提供了无穷的源泉和动力。来自 70 多个国家的移民文化，更为希伯来文学增添了光彩。圣经故事、圣经解读一类的书籍一直拥有稳定的销量，有的书店还开设了有关圣经文化的专柜。

以色列人鼓励本国文学作品被翻译和介绍到海外。两年一次的耶路撒冷国际图书展和一年一度的希伯来文化图书周，既为作者提供了广阔的平台，也让读者有机会体验找书和读书的快乐。近年来，很多风格迥异的书店开始借助互联网平台进行销售。2012 年，以色列曾做过一项实验：让一群工科学生在规定时间内分别用电脑和纸质图书阅读同一材料，然后回答提问。这些孩子都是习惯于使用电子产品阅读的人，他们本以为用电脑阅读要比读纸质书更有助于理解材料，但答案恰恰相反，纸质图书更利于阅读和理解。

最后，每个人阅读时间的保证。在以色列，每周五晚上到周六太阳落山，犹太人过安息日当天，不允许碰任何带有火和电的东西，因此公交停运，商店和饭店会全部关闭，唯有书店会迎来络绎不绝的顾客。以色列人之所以阅读量大，是因为很多犹太人习惯通过读书来享受安息日。

在以色列军队中，服役的军人也不会因为紧张的勤务工作而耽误读书的时间，他们都是高中毕业生，除了学习军事技能以外，也非常热衷于学习其他领域的知识。因此，他们常常会忙里偷闲地读书。

"二战"后，一名纳粹集中营的幸存者成为美国一所学校的校长，每当有新老师来到学校时，校长就会给这位老师写一封信，这封信的内容是这样的：

亲爱的老师：

　　我是一名集中营的幸存者，

　　我亲眼看到人所不应该见到的悲剧：

　　毒气室由学有专长的工程师来建造，

　　妇女被学识渊博的医生毒死，

　　儿童由训练有素的护士杀害。

　　所以，我怀疑教育的意义，

　　我对你们唯一的请求是：

　　请回到教育的根本，

　　帮助学生成为具有人性的人，

　　你们的努力，

　　不应该造就学识渊博的怪物，

　　或者是多才多艺的变态狂或受过教育的屠夫。

　　我始终相信，

　　只有在孩子具有人性的情况下，

　　读书、写字和算术的能力才有价值……

　　优秀的文化能够让人变得文明而善良，高质量的教育能够让人变得聪明而有智慧。一个重视教育、热爱读书、渴慕真理和智慧的民族才是一个真正优秀的民族，也是一个真正有希望的民族。

3.2 想些大问题，做些小事情

　　犹太人是一个酷爱读书的民族，也是一个把学习当成信仰的民族，正如《塔木德》中所说："宁可卖掉衣服，也要买书。"拥有超凡智慧的所罗门王，也提出过对读书的警语："智慧人的言语好像刺棍；会中之师的言语又像钉稳的钉子，都是一个牧者所赐的。我儿，还有一层你当受劝诫：著书多，没有穷尽；读书多，身体疲倦。"[《圣经·传道书》（12:11）] 犹太人早就认识到读书的意义何在，同时也警告世人：阅读非本质的、不必要的书，是对生命的一种浪费。

对世界本质的追问和怀疑是犹太式学习法的最大特点。"想些大问题，做些小事情"，这是犹太人成功概率较高的重要原因之一。他们仰望星空，脚踏实地，一步一个脚印地追寻真理和智慧的奥秘。

律法书《妥拉》的原文意思就是"教导、训诲"，是一本引导犹太人的人生之路的书，它指导犹太人如何认识真理和面对生活。犹太人出生后最早接触和学习的就是《妥拉》，甚至要读到生命的终结。《妥拉》是讲述人生的开始与结束的书，犹太人相信，若按照《妥拉》的训诫来生活，人生就不会失败。所以，犹太人视《妥拉》为生命，并且把研读《妥拉》当作一辈子的功课。他们认为，如果人不读《妥拉》，就仿佛白活一样。

《塔木德》是研究和解释《妥拉》的书。《塔木德》汇总了2-6世纪的1500名犹太拉比对《妥拉》的思考和意见，从而来培养犹太人的伦理道德和思维方式。犹太人不仅仅要追问和讨论"人究竟应该怎样活着"和"人如何生活才是正确的"这样的大问题，也要思考"一个孩子怎样才能进入一流的大学"和"如何才能赚更多的钱"这样的小问题。

犹太人在教育子女的时候，主张对所有的事情要持怀疑的态度，同时学会观察并提出问题。当然，这里所谓的"持怀疑的态度"并非指不信任，而是指对现有知识的不满足；知道自己还有哪些不足的谦虚的学习态度，有助于建立新的世界观。读书不仅读的是书本内容，而且要通过万事万物来学习，并且从自然中学到的东西要比从书本中学到的东西更多。人只有知道自己的不足，才会有更大的好奇心去观察，不会轻易跳过具体的细节。通过观察把知识输到心中，有助于更加深刻地理解事物，这是产生创新思维的珍贵信息。常常观察宇宙万物和身边的事物，读书就会变成一件非常快乐的事，而且常常会产生独特的灵感和思想。

《圣经·箴言》（6:6 ～ 6:11）中说道：

懒惰人啊，你去察看蚂蚁的动作，就可得智慧。蚂蚁没有元帅，没有官长，没有君王，尚且在夏天预备食物，在收割时聚敛粮食。懒惰人啊，你要睡到几时呢？你何时睡醒呢？再睡片时，打盹片时，抱着手躺卧片时，你的贫穷就必如强盗速来，你的缺乏仿佛拿兵器的人来到。

对于犹太人来说，生活中的一切都有学问，生活中的一切都要学习，身边的一切事物皆为教材。用《塔木德》的话说就是："真正的智者就是向所有人学习的人。"

我们都知道，青霉素最早是由弗莱明发现的。有一天，他到实验室，忽然发现在室温下的一个培养皿出现了发霉的现象，但在发霉的地方却没有细菌繁殖。这就是发现青霉素的经过，是一个很偶然的发现。而真正深入研究青霉素的功效，将其投入使用的是身为犹太人的科学家钱恩。从 1944 年开始，青霉素被投入使用，士兵们再也不用担心出现受伤后细菌感染的情况。钱恩和弗莱明的成就得到医学界的肯定，因此获得了 1945 年的诺贝尔医学奖。

科学史上曾多次出现这样伟大的发现，大多都是从大处着眼小处着手，即"想些大问题，做些小事情"。科学家阿基米德在洗澡的时候发现了浮力的原理；牛顿在树下休息的时候被苹果砸了一下，发现了万有引力规律。因此，我们不要忽略身边的小事，通过集中观察就有可能发现真理，打开自己的视野，创新思维和灵感就会诞生。

犹太人还有一种卓越的读书法就是"口传教育"。犹太人的律法一般由两种方式呈现出来，一种方式是由文字记载的"成文律法"，另一种方式就是由口头传递的"口传律法"。在这两种律法中，犹太人把较高的权威性给了"口传律法"，因为"口传律法"的历史比"成文律法"的历史更早。为什么犹太人喜欢"口传律法"呢？这是因为形成文字的律法会对讨论产生影响。真正的教育应该通过对话的方式传递思想，如果完全按照书本来进行，对话就会消失，而且会成为以知识为核心的教育。如果犹太教育没有对话也没有讨论，只靠死读书本的话，就会被认为是没有思想的呆板教育。此外，过于依赖书本就不会再依赖记忆，同时会降低思考的能力。正因如此，犹太人更注重人与人之间面对面的讨论和对话。

到底是什么原因让犹太人在混沌的世界中一直保持向上求索的冲动？到底是什么原因让犹太人拥有无穷无尽的好奇心？这就是犹太人从小培养孩子学会想问题和多问"为什么"的结果，犹太人不是让孩子活在自以为"知"的状态下，而是让每个孩子每时每刻都活在未知的"觉悟"中。犹太人生而会问"为什么"，也因此他们创造什么都不足为奇。

希伯来大学教授、2005年诺贝尔经济学奖得主罗伯特·奥曼说过：这很简单，就是一直追问"为什么"。比如，给下属布置任务时，通常的做法是跟他说："你把这事情做了。"而犹太人则不会这么"简单粗暴"，他们认为每个人都有自己的完整性，你只要帮助他打开心灵的天窗，多问他"为什么"，为什么这件事要给你做？你会怎么去做？为什么要做这件事？连着问五个"为什么"，接收任务方就会拿出与众不同的解决方案。如果他能养成这个习惯，他就会时时刻刻给你惊喜，通过创造性的思维来解决问题。

以色列有这样一个传统：在孩子刚开始上学时，父亲常会把孩子带到河边，看着溪流对孩子说："孩子，这是你人生中最重要的学习。你看到那流动的水了吗？它就像你一生中的学习之路一样，世界上没有什么不流动的东西！为什么世界是流动的？为什么学习是流动的？流动跟学习到底有什么关系？为什么一切都是流动的？"这就是犹太父母对孩子的启蒙教育，让孩子从小就渴慕"流动的智慧"，而非一味学习"死知识"。

犹太小孩在放学回家的时候，父母不关心他们在学校里学了什么，老师留了什么作业，而是关心孩子今天到底问了个什么样的好问题，或是听到同学问了个什么样的好问题：这个问题为什么好？为什么这个问题你问不出来？犹太传统是从小培养每个孩子理解世界和与这个世界相处的态度，那就是要多问为什么。

用"为什么"来教育孩子，犹太教育真正掌握了人类学习最重要的精髓。

许多考察以色列教育的中国教育专家到了以色列以后常常会大吃一惊，以色列的学校与我们想象的大相径庭：朴素的校园，朴素的校舍，简单的教学设备，几乎看不到任何高端先进的痕迹。而且许多学校坐落在农庄里，可谓"校中有校"：幼儿园、小学、中学、开放大学，甚至有马戏团学校，还设有专门招收国际学生的国际部，IB 课程教学质量非常高。

有这样一所基布兹学校，让你分不清究竟是农庄还是学校。校园内可见教学小楼、奶牛场、体育场、养鸡场、艺术楼、西瓜地、办公楼、驯马场、幼儿园、养鹿场等。学校里到处是裸露的土地，校舍非常陈旧，教学设施相当简陋。但就是这样一所学校，让学生多次获得国际科技创新、艺术等大奖。学校从来不搞什么"奥赛"集训班，也没有任何艺术专业集训队，一切都顺其自然。学生想唱就唱，想画就画，有想法就大胆地说出来，有创意就勇敢地实践和展示，获奖是整个过程中水到渠成的副产品，而不是刻意而为之的目标。在十分自然的环境中，孩子们心灵放松，思维开放。学生穿越在农庄与学校、教室与牛圈、实验室与菜地、书本与马群之间，创意迭出。

另外有一所坐落在富人区的公立小学，校园和设施同样非常简陋，硬件设施乏善可陈。但这所学校非常注重环境设计，每个细节都突出体现以儿童为中心的理念，学校利用沙地作为教育资源。幼儿园的每个班都有一个室外空间，都有一块很大的供孩子们玩耍的沙地。小学部的沙地面积更多更大，大块的沙地是学生的足球场，孩子们在那里欢天喜地地踢沙地足球；在小块的沙地上，学生正在建造兔子的寝宫和走廊，建造小白鼠的运动空间和结婚殿堂。沙地成为一种宝贵的游戏和学习资源，它可以无限变化，为孩子们想象力的拓展提供了一个巨大的空间。

校园里还搭建了一个室外教室。在大树底下，先用钢管搭建不完全封闭的架子，种上藤蔓植物爬在架子上，给人一种洞穴的感觉，因为绝大多数低幼年龄段的孩子都对洞穴感兴趣。这种若明若暗的天然学习空间没有任何压迫感，任凭学生自由发挥，很容易引发学生的创新思维。与树木花草为伴，与小鸟为友，让孩子们在快乐和自由的状态下健康成长。正如英国哲学家怀特海所说："通往智慧的唯一道路就是在知识面前享有自由。"犹太人因为自由，所以更有智慧。

这所学校电脑房的设计也很有特色：学生桌椅围成椭圆形的会议桌，每个学生一台手提电脑，两边墙上各有一台投影仪，能够保证每个学生都能看到投影的内容，学生之间和师生之间的交流非常便捷。通过交流来促进思想火花的碰撞，促进创意的产生，促进问题的解决方案的不断完善。也就是说，以色列的教育就是让孩子在自由的状态下成长和交流，充分地激发每个孩子的潜能。以色列人很少谈论升学率，也从不谈论发明一种什么教学模式以立竿见影地大幅度提高学生的分数，也不会炫耀自己的教学设施如何现代和先进。对于以色列学生 PISA 考试成绩处于世界中等偏下的水平，以色列人常常安之若素，认为十分正常和自然。他们的兴奋点根本不在短期的目标上，他们对教育的务实体现在每一个教学的细节当中，体现在让孩子用自己的方式乐此不疲地学习，在宽松、自然的环境中快乐地成长。

以色列的学校从不鼓励学生崇拜权威，他们崇尚每个孩子的独立性和创造性。学生假如在学习过程中敢于对传统知识进行挑战，会得到教师的表扬和鼓励。在每堂课前，教师会先让每个孩子对某一项知识提出问题，让学生带着兴趣去学习知识。

在课堂中，以色列的学生有多种思考问题的方式：辩论、提出问题、比较、做出决定、取得共同点和假设、解决问题等。在教学过程中，教师充分考虑学生的思维过程和原则，注重教会学生使用"因为""所以"等思考的语言去表达并解决问题。以色列的教师认为，教育最重要的意义，就是通过激发孩子的思考力使他们更好地融入社会。

在以色列，学校鼓励每个学生动手实践，参与劳作和游戏。许多课程都是通过游戏来实现的，游戏是以色列课堂教学常用的方式。

但是，如何实现"玩中学"？有很多技术和技巧。在以色列，教师注重通过比赛、讲演等方式创造竞争的氛围。为了在游戏中获胜，学生必须掌握相关的技巧和知识，必须一关一关扎扎实实地"打通"游戏。

在以色列，学校里的游戏都是全员参与。教师认为，对学生最大的伤害不是惩罚，而是忽视与冷落，所以他们让每个学生都参与游戏，关键是让学生养成一种健康的心态。

在以色列，无论是上课还是做游戏，孩子们都是以小组合作的方式进行，老师将任务或问题分发到各组，孩子们自由讨论，通过各种渠道解决问题，也可以自主选择任务，寻找伙伴讨论。一位中国专家问一位以色列小孩："周末过后要去学校了，你想去吗？"她毫不犹豫地回答："我太想上学了，那里有很多好玩的事情！"如果学校是好玩的地方，学习一定是好玩的事；如果孩子热爱学校，也一定会热爱学习。

一所以色列学校会把各年级的体育爱好者组成一个学习小组，在老师的带领下，负责设计全校的体育运动计划，每个孩子面前都放着自己做的计划书，自信地介绍自己的方案。每个学生不仅要设计方案，还要负责整个实施过程。

在以色列，学校里没有先进的设施和美轮美奂的校园建筑，有的只是自然、简单的设施和条件，但简朴中却渗透着丰富的教育内涵和价值。对于任何一个国家和民族而言，生命个体的强大是一个民族强大的根本。

3.3 闲话少说，谨慎口舌

《圣经》上说："和智者同行，必得智慧；和愚者为伍，必将毁灭。"

长期的漂泊和流浪，使得犹太人很难按部就班地从事某种稳定的职业，他们不得不教育孩子多掌握几门手艺。犹太人不喜欢做简单重复的工作，尤其不喜欢干体力活；犹太人喜欢脑力劳动，他们喜欢通过技术改造来提高劳动效率，而不是单纯靠经验积累来提高技能。他们无法一直面对稍纵即逝的物质世界，而是希望面对各种不同的环境和人，美国犹太人崇尚的职业是金融投资、教授、律师、企业家和艺术家。

犹太人经常遭受外族的侵袭和驱赶，他们唯一能防身的武器就是智慧，唯一能带走的财富就是知识。所以，犹太人向来不看重不动产和有形的物质财富，因为在他们看来，有形的物质财富终究会失去，无形的智慧才能持续更久。因此，他们对商品交易非常敏感，不停地思索如何运用自己无形的"闲置资产"来与他人做交易，并获取对自己更有用的财富。无穷的智慧就是最好的"闲置资产"，许多犹太人都用毕生的精力去追求这样的"闲置资产"，从而不断将其变为财富并改变世界。

在以色列，绝大多数青年高中毕业后先去当兵，然后才上大学。在两三年的军旅生涯中，学习占了很大的比重，大多数士兵在服役期间都会有机会去大学学习自己真正喜欢的专业或技术。从军队退役后，大多数青年会带着自己的退役补贴去周游世界半年左右，以此来拓宽自己的视野和阅历，然后再去申请自己喜欢的大学。这样的特殊经历，培养了以色列青年广博的知识面和超常的问题解决能力。毫无疑问，犹太民族是一个与众不同的民族，他们被上帝赋予了特殊的使命，同时也受到了上帝严格的管教，从而也一直备受磨难和迫害。因此，犹太人在流浪的时候为了能保住性命，特别注意"闲话少说，谨慎口舌"。下面这些犹太格言就是每一个犹太人从小在说话方面所受到的教导：

"谨守口与舌的，就保护自己免受灾难。"（《圣经·箴言》21:23）

"生死在舌头的权下，喜爱它的，必吃它所结的果子。"（《圣经·箴言》18:21）

"舌头在百体里是最小的，却能说大话。看啊，最小的火能点着最大的树林。"（《圣经·雅歌》3:5）

"你在上帝面前不可冒失开口，也不可心急发言；因为上帝在天上，你在地下，所以你的言语要寡少。"（《圣经·传道书》5:2）

"事务多，就令人做梦；言语多，就显出愚昧。"（《圣经·传道书》5:3）

"多言多语难免有过，禁止嘴唇是有智慧。"（《圣经·箴言》10:19）

"诸般勤劳都有益处，嘴上多言乃致穷乏。"（《圣经·箴言》14:23）

"愚昧人若静默不言，也可算为智慧；闭口不说，也可算为聪明。"（《圣经·箴言》17:28）

"说话浮躁的，如刀刺人，智慧人的舌头，却为医人的良药。"（《圣经·箴言》12:18）

"你见过言语急躁的人吗？愚昧人比他更有指望。"（《圣经·箴言》29:20）

"回答柔和，使怒消退；言语暴戾，触动怒气。"（《圣经·箴言》

15:1）

"寡少言语的有知识，性情温良的有聪明。"（《圣经·箴言》17:27）

"口吐真言，永远坚立；舌说谎话，只存片时。"（《圣经·箴言》12:19）

"说谎言的嘴，为耶和华所憎恶；行事诚实的，为他所喜悦。"（《圣经·箴言》12:22）

"做假见证的必灭亡，唯有听真情而言的，其言长存。"（《圣经·箴言》21:28）

"乖僻人播散纷争，传舌的离间密友。"（《圣经·箴言》16:28）

"往来传舌的泄露秘事；大张嘴的，不可与他结交。"（《圣经·箴言》20:19）

"愚昧人张嘴启争端，开口招鞭打。"（《圣经·箴言》18:6）

"远离纷争，是人的尊荣；愚妄人都爱争闹。"（《圣经·箴言》20:3）

"不要为明日自夸，因为一日要生何事，你尚且不能知道。"（《圣经·箴言》27:1）

"要别人夸奖你，不可用口自夸；等外人称赞你，不可用嘴自称。"（《圣经·箴言》27:2）

"凡油滑的嘴唇和夸大的舌头，耶和华必要剪除。"（《圣经·诗篇》12:3）

"用诡诈之舌求财的，就是自己取死，所得之财，乃是吹来吹去的浮云。"（《圣经·箴言》21:6）

"怨恨人的，用嘴粉饰，心里却藏着诡诈。"（《圣经·箴言》26:24）

"他用甜言蜜语，你不可信他……"（《圣经·箴言》26:25）

"责备人的，后来蒙人喜悦，多于那用舌头谄媚人的。"（《圣经·箴言》28:23）

"当面的责备，强如背地的爱情。"（《圣经·箴言》27:5）

"一句话说得合宜，就如金苹果在银网子里。"（《圣经·箴言》25:11）

"对伤心的人唱歌，就如冷天脱衣服，又如碱上倒醋。"（《圣经·箴言》25:20）

"义人的舌乃似高银，恶人的心所值无几。"（《圣经·箴言》10:20）

"义人的口教养多人，愚昧人因无知而死亡。"（《圣经·箴言》10:21）

"我亲爱的弟兄们，这是你们所知道的，但你们各人要快快地听，慢慢地说，慢慢地动怒。"（《圣经·雅歌》1:19）

也就是说，犹太人虽然特别主张用言语表达自己的思想，但是他们特别注重语言的智慧。他们认为谨慎口舌，才能免遭灾难；舌头决定着一个人的生死，具有语言智慧的人才能享受它的光芒；他们反对说闲话，老说闲话的人将来在上天堂的时候会被定罪；在上帝面前不要冒失开口，也不要着急发言，言多语失，耍贫嘴会招致贫穷；闲话少说也是一种智慧，说话浮躁会遭人讨厌；语气要柔和，智慧人的舌头会带给别人温暖；切勿言语暴戾，也不要说谎，做假证的人必遭灭亡；不要挑拨离间、传播是非，不要散布纷争，不要自夸和夸大其词，不要油嘴滑舌，不要用甜言蜜语骗人，也不要谄媚别人，不提淫词妄语；要说合宜的话，说造就人的话，要快快地听，慢慢地说，要实事求是。爱是恒久忍耐又有恩慈，爱是不嫉妒，爱是不自夸，不张狂，不做害羞的事情；不求自己的益处，不轻易发怒，不计较别人的恶；不喜欢不义，只喜欢真理。凡事包容，凡事忍耐，凡事相信，凡事盼望，爱是永不止息。

在《塔木德》中，有"智者七诫"一说，主张说话时要注意如下7条法则：

1. 聪明的人不在比他更聪明的人面前乱讲话；
2. 他不会打断他伙伴的讲话；
3. 他不匆匆忙忙地回答问题；
4. 他问有关的问题，回答问题切中要害；
5. 他先说先知道的事，后说后知道的事；
6. 未听到的事，他说："我未有所闻。"
7. 他正视真理，反对迁讷。

另外，《塔木德》认为，有四种人是令人讨厌的：傲慢的穷人、谄媚的富人、好色的老人和善于作威作福的领导。正是这些价值观的建立，让犹太人在历史的磨难中形成了语言的智慧。无论是文学大师肖洛姆·阿莱汉姆、卡夫卡或茨威格，还是电影导演大师爱森斯坦、斯皮尔伯格或伍迪·艾伦，还是喜剧大师卓别林、格罗奇·马克斯或摇滚明星鲍勃·迪伦和莱昂纳德·科恩，或美国歌星芭芭拉·史翠珊，或戏剧大师塞缪尔·贝克特、哈罗德·品特，或诗歌大师布罗茨基和文学大师索尔·贝娄、艾萨克·辛格，他们的作品中无不充分体现了犹太人的语言智慧。

对于每个犹太人来说，他们不仅关心自己的命运和人类的未来，而且"闲话少说，谨慎口舌"，同时渴望过上神圣而圣洁的生活。

祈祷是每个犹太人的"第一堂课"，是犹太人走向天堂的"重要通道"。"天堂之门"对祈祷是关闭着的，但对眼泪却是打开的；生病的人为病人祈祷，祈祷的力量会倍增。犹太拉比说："金银被加热就会熔化。如果你祈祷以后也觉得自己没有进步，那么你就是用廉价金属做的，要不然就是祈祷不够热情，因为神造的每一个人都是贵重金银所造。"只要你再努力一步或坚持一会儿，就可以走向成功，因为"挺住就意味着一切"。经常退缩，会造成最后的失败。

追求幸福是犹太人的"第二堂课"，要想得到真正的幸福，就得降低欲望，过有节制的生活。心的门扉是嘴，心的窗户是耳朵。要想获得真正的幸福，就必须立足当下，忘记过去痛苦的生活，真正走向未来；要想获得持续的幸福，每天都要有一种快乐的心情，做事情要专注执着、心无旁骛，而且要找到工作和生活的意义，打造自己的人际关系网，把自己的成就感和快乐心情经常与人分享。

学会谦虚是犹太人的"第三堂课",诚恳与谦逊是一个人的最高智慧。犹太拉比认为,所谓谦虚,就是不偏执地主张自己的观点,尽量理解和接受别人的思想,学习所有人的长处。诚恳与谦逊是"双胞胎",若无谦虚,就不可能诚恳;若无诚恳,就不可能谦虚。人一旦被绊倒,要么会责怪石头和陡坡,要么责怪脚上的鞋,却不自我反省,这就不可能做到真正的谦逊。有时候,过于谦逊也会导致傲慢。要学会客观公正地认识自己。

在希伯来语中,"奉献"与"正义"是同一个词,英语"charity"(慈善)的字根来自拉丁语"基督徒的爱",后来才演变为"施舍"之意。对于犹太人来说,奉献并不是施舍,而是一种责任和义务。犹太人在很小时,父母就会送给他们一个储蓄罐,专门收集奉献款,等储蓄罐满了以后就会通过犹太教工会转到慈善机构或需要者的手中。犹太人的奉献是有限度的,富裕的人必须把收入的1/5捐出来做奉献,但普通家庭捐1/10即可,穷人则是接受者。把超过自己收入一定限度以上的钱捐出来做奉献是被禁止的。但《塔木德》强烈告诫穷人,不能满足于依靠别人的奉献过日子。让别人幸福等于替人喷香水。因为你在喷香水的时候,自己的身上也会沾着香气。犹太人喜欢向别人赠送礼物,这也许是他们长久以来形成的一个和慈善有关的传统吧。

《圣经》充满着对人只要愿意努力就可以天天向上的信赖和乐观。一个人只要拥有乐观的心态,每天都会发生新鲜事和好事,这是上帝赠送给人类的礼物,人就会因此而每日重生,所以不要对"罪人"和"坏人"灰心丧气。上帝鉴察人，先看人心，再看他的头脑，上帝重视人心超过重视聪慧。《塔木德》说过："与其背诵整卷《塔木德》，不如身上具备优秀的品德更好。"恶人先甘后苦，善人先苦后甜，善人的恶比恶人的善更好。

《圣经》告诫人们，对明天的事不要过于忧虑，杞人忧天对人的精神和健康不利。但也不要过于乐观，因为人有时候是卑微和渺小的，人的力量无法影响到明天。人一死，尸体就会被虫吃掉，但人活着时，有时精神也会被各种对明天的忧虑所腐蚀。"不要以为喝葡萄酒是浪费时间，因为喝葡萄酒的那段时间，你的心在休养。"当然，饮酒不可以过量。

从幸福转变为不幸有时只需要一瞬，但从不幸转变为幸福却需要漫长的等待，甚至有可能是一辈子。人即使处在幸福的最高峰，若要坠落到苦难的最下层，也有可能只是一瞬间的事。人最亲密的朋友是智慧，最大的敌人是无节制的欲望。奴隶若能满足于现状，便可能成为自由的人；自由人若不能满足于现状，就有可能变成奴隶。

上帝不考验"坏人"，只考验"好人"。上帝为什么只让正人君子接受考验？正如强弱的两头牛中，一定是那头强壮的牛被选去耕田，因此，上帝也只能让正人君子去担负重任。所以，有时正人君子所遭受的苦难有可能比坏人多。骗自己比骗别人容易，觉得自己坏的"坏人"，比觉得自己好的"好人"更令人尊敬。

孤儿是不幸之人的象征，若能逗不幸的人发笑，全世界就会出现光明，体谅人的少许微笑也可以使全世界出现光明。若想逗天地笑，就先逗孤儿笑吧。因为孤儿一笑，天地也会跟着笑。走在任何黑暗的地方，也都应该有微笑和光明。伤害人的自信心，比伤害人的肉体的"罪"更重。

悔恨已做过的事，与想做而未做的事情相比更令人懊悔。犹太人认为，"失败是有限的，而未做是无限的"，失败将成为人生宝贵的经验，失败也可能变成成功的肥料。失败是成功的一面镜子，但"未做"就等于是把所有成功的"可能性"抛弃掉。极度惧怕失败，比失败更可怕。不可过于后悔，因为这样会损伤做正确事情的勇气和信心。

热衷于发现自己缺点的人既看不出别人的缺点，也发现不了自己的优点。《塔木德》说："世界上最不幸的人，是自我意识过强的人。"这种人以自我世界为中心，要么是对世界失去信心，要么是自信心过强。你向人报仇以后，不会舒服。可是你宽恕别人以后，就会感到非常舒服。

犹太人认为，每日做慢性自杀的人，活在自己的世界里，甚至不能说他活在这个世界上，他既不能快乐地活在今世，也无法走向来世。在犹太人的世界里，没有比自杀更为严重的"罪"。犹太人如果自杀，就不会被允许埋葬在自己家族的墓地里，等于是完全从犹太人的社群里被开除。人每天都有新的机会，而且每天都有充满挑战的新机会。所以，对未来既不要过于悲观，也不要过于懊悔和烦恼。

犹太父母教导孩子：人越成功，越容易变得傲慢。但无论是谁，在小虫所带来的细菌或者病毒面前却非常脆弱，甚至毫无抵御能力。这等于是在劝诫别人，对比自己更加弱小的东西也应该提高警惕，不应该有傲慢的态度。成为英雄的第一步是建立自己的勇气。没有任何对策可以解决困难的时候，唯一的策略就是鼓起勇气和信心。

根据《圣经》上的记载，上帝在创造光与暗、天与地、陆与海、所有一切动物与植物之后，才创造了世界上的"第一个人"亚当。第六日造人，第七日上帝休息了一天，这也是犹太人安息日的来源。《塔木德》认为，上帝为什么在第六天才造人？就是要消除人的傲慢，教导人要对大自然表示尊重，免得人在动物和植物面前自夸。

3.4 犹太辩论术："哈柏露塔"和"平行逻辑"

哈柏露塔（Havruta）就是犹太人传承千年、培养了无数杰出人士的教养秘诀，它的意思接近英文单词"fellowship"，即伙伴关系。这种学习方式通常为两人一组，彼此通过提问、回答、对话和讨论来研究和学习某个问题。

当年希特勒为什么屠杀犹太人？据说和希特勒经常辩论不过犹太人有关，尽管希特勒是超级演说家。按照《塔木德》的观点，"哈柏露塔"的超级辩论术也是有规则的，最大的规则有三条：

1. 在批判和质疑别人的观点以前，必须先重复一遍别人的观点，借以充分理解别人的观点；

2. 不搞人身攻击，避免以情代理；

3. 用"哈柏露塔"和"平行逻辑"的方式辩论，双赢。

"哈柏露塔"的方法就是不断向对方问"为什么"，让对方自己发现问题；而"平行逻辑"就是在双方用"哈柏露塔"方式辩论的时候，允许对方和自己的观点完全相反，其核心理念就是，虽然你我的观点完全相反，但有可能双方都是对的。允许不同的观点存在，是典型的求异思维。对方有不回答的权利，但回答不了证明你自己还不能"自圆其说"，说明你的理论有漏洞。

"哈柏露塔"讨论法的程序如下：

1. 双方各自阐明自己的立场；

2. 倾听对方阐述自己的观点；

3. 双方通过提问、回答和反驳来进行讨论与辩论；

4. 双方交换立场后，再次进行讨论和辩论。

讨论过程虽然看似简单，但实际上针对某一个主题讨论之后就会发现，其实要将自己的想法有条理地表达出来，需要经过相当缜密的思考。在别人阐述意见的同时，也可以学习对方如何思考、做出有逻辑性的表达。一旦开始辩论，就要向对方不断发出"为什么"的疑问，让对话能够继续。在互动过程当中，不但可以明白相互妥协的原理，而且可以掌握相互协商的技术。

　　想想辩护律师和检察官在法庭上辩论的场面，那是多么激烈的思维体操。为了赢得胜利，双方必须做好充分的准备，要善于听取对方的观点，掌握对方话语的要点，再用缜密的逻辑来说服对方，尤其是要牢牢地抓住对方的漏洞，并拿出有力的证据来反驳，一旦在辩论中无懈可击，对方就会在判决中败北。讨论与辩论既是开发大脑的最有效方法，也是培养逻辑思维最好的途径。

　　对各式各样的主题，进行深入的思考和讨论，是大脑最喜欢的一种教育方法。而坐在书桌前面背书和考试，非常单调、乏味和枯燥，是大脑非常讨厌的一种学习方式。如果在读书的时候，可以活动身体，或者边走动边背诵，或带点儿律动和节奏来阅读，就可以给大脑供应充足的氧气，从而使读书的效率大大提高。尤其是在大脑开始思考的时候提出疑问，既要让耳朵听着对方说话，又要让眼睛看着对方的表情，同时还要根据对方的观点或者文件迅速思考或反驳对方的话语和逻辑错误，这是一种锻炼大脑思考能力和脑力激荡的最有效的方法。提出问题是人们满足求知欲和好奇心的产物，不仅要分析问题，还要学会用全方位和系统的思维解决问题，这样才能攻克对方的逻辑要害，并通过辩论形成毫不留情的大脑震荡和尖锐交锋，且可以加快大脑运转，让人们拥有更加多元化的观点，并让人做出与众不同的创新思考。

　　《塔木德》是犹太人的"思维圣经"，汇聚了2-6世纪1500名犹太拉比讨论律法的成果，共12000页，250万字，充分体现了犹太人的求异思维和解决问题的创新能力。也就是说，当我们意识到有难题时，为了要解决问题，必须提出新的观点，去建立假设、进一步验证等，这是既创新又多元化的应对策略和思考能力。

同时，"哈柏露塔"也是培养人们的沟通交流能力、倾听能力与讲话说服能力的最有效方法。一个人无论多么有实力，如果无法通过人际关系让自己得以充分发挥，就有可能被社会埋没。"哈柏露塔"本身就是通过对话和讨论，让人自然产生与人交流和沟通的能力，还可以让人学会倾听他人的观点，同时也培养说服他人的能力，从而能够使朋友关系更加深厚，打造良好的人际关系网，还能让我们找到一辈子的知心朋友。

"平行逻辑"也是犹太人非常独特的思维方法，主张凡事不走极端，其核心是承认每种观点的合理性，追求的不是一个真理，而是两个真理，而且两种观点是截然相反的，并可以和谐共生，不存在你死我活或你正确我错误。其特点是平行（两种截然相反的观点可以共生）＋逻辑（只要你能自圆其说即可），不强求别人非要接受自己的"正确"观点，或思想上消灭异己。因为犹太人认为，不和谐才是真正的和谐；中国人主张求大同存小异，而犹太人主张求异思维。一旦我们两人的观点完全相同，又有何意义呢？这也是犹太智慧同古希腊哲学的不同，既要知道是什么和为什么，还要考虑怎么办。智慧的核心在于如何解决问题。

犹太人每周的安息日，也是犹太家庭的聚餐时间，更是全家人一起"哈柏露塔"的时间。犹太父母不会让孩子"好好吃饭别说话"，而是会边吃边讨论各种问题，这样做既加强了亲人之间的感情，又能通过讨论来培养孩子独立思考和终身学习的习惯与能力。

2006年，美国布兰迪斯大学曾发表过一份研究报告，名为《"哈柏露塔"的学习理论》。这份长达40页的报告系统总结了对"哈柏露塔"的观察与研究，并提出"真正的哈柏露塔"不是随便闲聊，更不是讨论家长里短，而是包含三对核心练习，即倾听与表达、探索与聚焦、支撑与挑战。倾听和表达是学习"哈柏露塔"的基础，就像汽车引擎一样重要。

该报告特别提出，倾听需要保持外在和内在的双重安静，只有关掉自己内心的声音，完全开放自己的心灵，耐心跟随对方的思路，才可能真正理解对方的意思，否则就会曲解。

探索和聚焦是指在集中注意力、围绕主题的同时，探索问题的最大相关性。真正的"哈柏露塔"是深思的，有营养、有逻辑的，时刻注意保持平衡。这部分就像汽车的轮子，会决定谈话的方向。

支撑和挑战是一种进一步塑造、验证想法的过程。一方面，要给想法找证据，支撑它；另一方面，要挑战、反驳既有想法，通过提问题来看看我们忽略了什么。报告特别提出，犹太人认为，"哈柏露塔"中的挑战和反驳是一种帮助，而非吵架。

总而言之，真正的"哈柏露塔"是一种开放式的合作，无关胜败，也没有标准答案，不需要统一思想和彼此同意，就像跳舞和游戏一样，通过互动让思维走得更远。讨论中的两个人地位平等，双方都要放下身份。成功的"哈柏露塔"是交互独立的，你负责着对方，也向对方负责。参与"哈柏露塔"的有自己、对方和问题三大要素，所以，在讨论中，既要学习知识，也要探索世界，还要和人建立联系。每一次"哈柏露塔"，都是对世界、自我和他人的全面学习。"哈柏露塔"不是跟书读书，而是跟人读书，它让同学成为老师，老师成为同学。

该报告认为，"哈柏露塔"是几千年来一直受迫害的犹太人在困境中创造的一种不需要老师、不需要工具、不受时空限制的最好的自学方法。

犹太人认为，好奇心是每个孩子的必需品，就好像每个新生儿都要打疫苗一样。而鼓励孩子提问、给老师提要求，更是犹太教育专家公认的先进教育理念，是培养孩子应对未来变化能力的催化剂。

犹太人艾德勒在《如何阅读一本书》中写道："怀疑是智慧的开始，从书本上学习跟从大自然学习是一样的，如果你对一篇文章连一个问题也提不出来，那么你就不可能期望一本书能给你一些你原本就没有的视野。"

有人说，犹太人看世界的眼光是俯视的，犹太人用上帝的眼光看世界，看过去、现在和未来。这种在真理面前人人平等的精神，是犹太人一直敢于打破现状、实现创新的巨大动力。

犹太人从不迷信于任何专家、权威的学说和当权者，对他们所说的话，从来都是从多方位思考的角度，以分析怀疑的态度对待。犹太人之所以这样，并不是犹太人的天性，而是在当权者、专家和权威上面，还有一个从来不会犯错误的上帝，这使得他们从不轻信任何人的理论学说，除非是上帝的旨意。

上帝的旨意对于犹太人来说，并不是虚无缥缈、人云亦云的，因为他们手里有一份永远不更改的经典——《妥拉》，这个经典就记录着上帝针对人类话语的真理。纵使他们在历史上常有偏颇，常有背离，但正是这部经典，没有使他们在一意孤行中陷入无底的深渊。无论犹太人流浪到哪里，遭遇什么样的灾难，犯下什么样的大错，他们都有一个永恒不变的回归点——《妥拉》。

犹太人认为，对一件事有"知识"，不只是思考它，还要体验它。而所谓"知道"，不是纯粹的脑力活动，更要实际行动起来。所以，犹太人从小就做家务，养成独立解决生活问题的习惯，父母不能为孩子代劳，因为这是在剥夺孩子自我实践和探索的机会。2004 年诺贝尔化学奖得主、以色列科学家阿龙·切哈诺沃特意告诉每个即将毕业的学生："学校里学的知识，将来有一半以上都会过时，或被证明是错误的，应该敢于质疑、勤于提问、善于探索。"

对于犹太人来说，失败也是一种学习，犹太家庭会刻意培养孩子们坦然接受过程中的失败、继续挑战、在反馈中学习的能力。如果孩子有好奇心，既渴慕真理，又不害怕失败，还有什么理由不学习，不终身学习呢？

按照英国欧斯特大学与芬兰赫尔辛基大学的两位教授研究报告中的世界 185 个国家人民的平均智商结果，以色列人的平均智商是 94 分，排名世界第 45 位，远远落后于东亚的其他国家和大部分欧美国家。很显然，犹太人并不是因为智商比较高才会出现那么多诺贝尔奖得主，完全是因为后天教育的成功所致。

事实上，犹太人自己并不喜欢被称为"世界上最聪明的民族"，他们认为，这只是因为文化因素与教育方法的不同而造成的结果。在人类的历史上，犹太人长期遭受迫害，只有知识和智慧才是他们唯一可依靠的财富。土地、家园、金钱都会被抢走，但他们头脑中的智慧是任何人也夺不走的。

《规则》的作者安德鲁·J.苏德也表示，犹太人卓越的头脑和超凡的实践能力，无法用遗传证明。如果考察犹太人的教育，就会发现他们并非天生就头脑聪明，而是通过后天的训练所致。无论是在家庭还是在学校，犹太小孩都不得不动脑思考问题。如果想让头脑发达，"刺激头脑"是很重要的。两人结伴学习，一方提问另一方回答，彼此讨论、辩论的"哈柏露塔"学习法，最能刺激头脑思考。

最不利于头脑发展的情况就是一直反复做同样的事情。要求同样的意见和方法并"无条件背诵"，会对大脑的发展带来不良影响。如果大脑能够通过刺激来进行学习，就可以充分改善所有需要的技术，并且使大脑变得更加成熟。而要想使大脑获得刺激，最忌讳的是不断重复和枯燥乏味，所以学习就应该讲求"新颖"和"不同"。

孩子若对新鲜事物充满好奇心，就能为大脑带来很大的刺激。在这期间，如果反复用"不可以！为什么要那样？"等否定性的话语来训斥孩子，就会阻碍孩子的脑部发育，无法提高孩子的智商与学习能力。利用"哈柏露塔"每天深度讨论不同的主题，是大脑最喜欢的教育方法之一。大脑占人体体重的 2%～3%，大约只有 1.4 千克，但氧气消耗量却达到 25%。活动身体、四肢和嘴巴，不停地辩论能更加快速地给大脑提供氧气。所以，当你要背诵某些内容时，可以利用走路或者有节奏地摇晃身体，让大脑的供氧量增加，这样就能更容易、更有效地完成学习任务。以色列人的平均智商为 94 分，却比其他平均智商分数更显著的国家的人民拥有更显著的成就，原因就在于他们对大脑的不断训练。

为了反驳和说服对方，只有逻辑和分析能力是不够的。为了能驳倒对方的论证，必须要有新的强力论证，要同时找出对方的弱点以及对策，这需要综合性的思考能力。因此，通过"哈柏露塔"来刺激大脑，就能增进大脑的系统性与综合性思考能力，而且还能养成用创意解决问题的能力。为了解决问题，必须思考用许多不同的解决方法，提出想法并验证自己所设立的假说，只有这样才能培养人的综合性高等思考能力。对于高等思考能力的定义，虽然大家的观点不一，但普遍认为是批判性思维、发散性思维与过程性思维。这三种思维能力就是"哈柏露塔"进行讨论与辩论的三大核心能力。

许多亚洲国家之所以能够在智商测验中名列前茅，同其奉行"筷子文化"有很大关系。因为身体各部位在大脑中所占的反射区不同，手部的反射区约占了 30.9%。所以，若能经常使用手部，大脑就会经常受到刺激。训练孩子拿筷子比拿勺子更好，对大脑的成长很有帮助。除此之外，人体中的哪个部位更影响大脑的发育呢？嘴巴。孩子小的时候，手部活动对大脑的刺激很大；但长大之后，嘴巴的活动就显得重要多了。因此，如果学生在学校中最常听到的话是"安静一点！闭嘴！"等，差异就会从这里开始。

　　惯用右脑的人，通常感性与直觉方面都很发达，是具有直觉性和创意性的人。虽然也可以看成感情容易动摇，属于做事情只有三分钟热度的"热锅属性"，但是高尔夫、枪靶射击、弓箭等运动项目却是其强项。然而，用右脑的人通常左脑的相关特性相对较差，无法用理性来进行判断，更讨厌逻辑与思辨。对惯常使用右脑的人而言，"哈柏露塔"就是训练理论与分析左脑的最佳方法。因此，通过"哈柏露塔"和"平行逻辑"训练出来的求异思维能充分激发一个民族的创造力。

　　《塔木德》说："智者就是向所有人学习的人，强者就是能自我战胜和化敌为友的人。"正如《道德经》所言："知人者智，自知者明，胜人者有力，自胜者强。"

3.5 幽默：犹太脑的柔软体操

　　犹太人像尊重知识一样尊重智慧，他们认为没有智慧的知识是有害的。幽默则是将知识和智慧融会贯通于生活中的最佳表现，幽默和快乐体现了犹太民族的主要性格特征。

　　一方面，犹太人在长期迫害中要活下去，就必须有欢乐，苦难逼迫犹太人超越苦难，甚至最后成为讲述"含泪的笑话"的高手。用"悲剧式的自嘲"调侃自己，甚至会在笑话中用知识和智慧以及幽默去化解和突破困境。正如希伯来语"站在另一边"

的意思一样，幽默可以使犹太人从旁观者的角度思考问题，是一种高级智慧的象征。

犹太人在家庭聚会或集会上，常常互相讲笑话，他们称之为一种头脑的"柔软体操"。弗洛伊德、爱因斯坦都是讲笑话的高手，爱因斯坦曾说："相对论也和优异的笑话一样，在追求宇宙真理的线索。"由此可以看出，犹太民族是个非常乐观的民族。正如犹太文学大师卡夫卡说："心脏是一座有两间卧室的房子，一间住着痛苦，另外一间住着欢乐。人不能笑得太响，否则笑声会吵醒隔壁的痛苦。"于是，犹太文学史中就出现了一大批以幽默、反讽、荒诞和嘲弄为业的大作家：卡夫卡、贝克特、索尔·贝娄、艾萨克·辛格、马拉默德、肖洛姆·阿莱汉姆、卡尔·克劳斯、约瑟夫·海勒、诺曼·梅勒、阿瑟·米勒等，他们和果戈理、左琴科、契诃夫一样，带给广大读者无限的欢乐。

犹太文学大师卡尔·克劳斯说："只有从谜底中猜出谜语的人，才是一个艺术家。"

这位伟大的犹太作家不仅写出了许多揭示犹太人命运的大作，而且还是一位讽刺大师和语言大师，他的另一句格言同样有趣："由于法律禁止个人收养野生动物，而我又对宠物没有兴趣，所以我至今单身。"1936 年 6 月 12 日，由于长期心力交瘁，这位伟大的作家死于心力衰竭。死亡对于他来说几乎是一种幸运：使这位终生秉持人道主义精神的语言大师，免于目睹纳粹德国对他的祖国的吞并和几乎全体奥地利人对亡国的欢呼。当然他也不必面对不计其数的恐怖行径，包括他自己住所的被焚毁和无数亲友死在集中营里的惨剧。最重要的是，他也免去了看到那些会令他更为痛苦的事情——人类文明坠入地狱。德国一位批评家曾对此发言："一切似乎都如这位讽刺大师最悲观的洞见和预示发生了：布痕瓦尔德的集中营周围环绕着歌德故居的山毛榉树；人们整齐地排着队走进奥斯威辛集中营时，监狱的另一侧，乐队正在演奏奥芬巴赫的音乐。读过克劳斯的作品之后，这一切罪恶都变得更为容易理解。"

犹太作家以色列·亚伯拉罕的《快乐书》也让人忍俊不禁，其谜底说："医生和魔鬼都在杀人，不同的是前者还要收费。"谜面则讲了一则故事："一个哲学家身患绝症快要死了，于是医生放弃了治疗，但后来这个病人却奇迹般地痊愈了。当医生再次见到他的时候，他正在街上散步。医生问：'你从另一个世界回来了？'病人回答说：'是的，我从另一个世界回来了。在那里，我看到非常可怕的惩罚降临在每一个医生身上，因为他们杀死了自己的病人。但是你不必担心，因为我告诉他们，你根本不是医生。'"其讽刺的真正目的，在于对恶习的修正或改造。尽管作家本人怀疑自己作品的效果，但他内心强烈的使命感逼迫自己不能自拔。

讽刺是一面镜子，窥镜者总可以从中照出自己和社会的真实面貌。所以，英国诗人蒲柏说："人的研究对象应该是人类自己，他是真理的唯一裁判，又不断错误迷离，他是世上的荣耀，世上的笑柄，世上的谜。"

犹太诗人傅立特有一首诗名叫《现状》：

谁想要

世界

像它现在的模样

继续存在

他就不想要

世界继续存在

　　卡尔·克劳斯又说："我曾经梦见自己为国捐躯，一个给我揭棺材盖的人，却向我索要小费。"这种悲凉而深刻的欢乐顿时跃然纸上。不，欢乐的背后是痛苦，这才是真正的幽默。

　　勒维纳斯在《塔木德四讲》一书中写道："人既非天使，也非魔鬼，而是与善恶交织在一起的存在，是欲望纠缠的生灵；没有戒律的犹太人对世界是一种威胁；人类在本质上不仅是'为己者'，而且是'为他者'，并且这种'为他者'必须敏锐地进行反思；自由就是责任；犹太人是人类的人质。因此，犹太人需要世界——世界需要自己的人质犹太人——犹太人离不开犹太教——世界也离不开犹太教哲学和犹太文化。"正是在犹太教和犹太文化的支撑下，诞生了苦难的犹太人，也诞生了幽默的犹太人，同时也诞生了聪明的犹太人。

　　幽默不仅是犹太人的心灵维生素，也是专制独裁者最大的敌人。通过那些浸泡在苦涩中的"含泪的笑话"，犹太人去调侃和嘲弄权力与神圣，讽刺和批判人类的劣根性，以此来抵抗和超越世俗生活的悲苦与无聊。没有悲天悯人的"犹太式幽默"，没有"悲剧式的自嘲"，没有令人忍俊不禁的"傻瓜哲学"，犹太人就不可能赢得弥赛亚的拯救，也不可能抓住真理的尾巴，从而直抵真理的彼岸。纵观犹太人的历史，一直是一部跌宕起伏的悲剧，他们反抗命运的主要手段，就是成功和渴望上帝的拯救，从而获得灵魂的慰藉与天堂的钥匙。正如俄国哲学家别尔嘉也夫在《犹太教的命运》一文中所言："犹太民族在历史上能继续生存而未被消灭，它作为世界最古老的民族之一，在极其特殊的条件下得以延续……有其特殊的神秘基础……围绕犹太教的命运，把末日审判当作本民族摆脱自己悲剧的历史命运的出路，当作向世界的某个能解决一切问题的崭新时代的过渡。救世主降临思想决定了这个民族的历史戏剧性……犹太民族永久地成了神的民族，即具有悲剧性历史命运的民族。"于是，犹太人只能用"悲剧式的自嘲"对自己进行末日审判，从而赢得或迎接弥赛亚的救赎。这不仅是"犹太式幽默"形成的宗教机制和必然性，也是犹太民族所特有的文化精神。

犹太大哲学家维特根斯坦曾经说过："真正的哲学问题能够被把握和解决的唯一地方是火车站。"所以，当许多犹太人浪迹天涯时，除了生存，还要寻找一个真正喜爱智慧的国度，但大多数国家的人们却沉醉于灯红酒绿和世俗的肉欲中，对幽默和智慧毫无兴趣。于是，这些犹太人只能变成无家可归的漂泊者和异乡人，被迫一次次地走向火车站。还是《快乐书》的作者，犹太人以色列·亚伯拉罕说得好：

　　"我在这个城市生活久了。这里不适合我，这里的人都很无知，没有诗歌和文学。人们藐视法律，没有礼貌，罪恶横行，道德败坏。我已经离开家很多年了，我应该走了。"

　　这难道不是对某个野蛮的物质主义时代的最好讽刺吗？

第四章 产生独立思想

——犹太式"超级读书法"

智慧就像磨刀一样，越磨越快。

——犹太谚语

以色列缺少天然资源，唯一的资源就是沙漠和人的大脑。因此，以色列奇迹的核心就是"悬崖边上的挣扎"。

——贺雄飞

远见必须取代经验，最稳妥的办法就是放胆一试或放手一搏。

——以色列前总统西蒙·佩雷斯

尽管我不赞成你的观点，但是我愿意用生命来捍卫你表达自己观点的权利。

——伏尔泰

我一辈子反对权威，不幸的是，我自己也成了权威。

——爱因斯坦

在一个瞎子的王国里，独眼龙便是国王。

——西方谚语

犹太人之所以能够具有独特的创意和思想，在于他们珍惜自己的传统，并且不断地与时俱进。在正统犹太人读书的地方，拉比与学生一般都会穿着传统的服饰，而且每天研读其经典《妥拉》和《塔木德》，并且努力用它们来思考和解决这个时代的难题。遵守安息日是犹太人数千年不变的传统，在每个安息日来临的时候，他们都要放下手中的一切生意，一家人一起聚餐学习，探求真理和智慧的奥秘。

中国人读书是每个人把自己关在小小的房间里，紧紧地抱着书看，但犹太人是团体读书，他们要从流传下来的真理中，找出与现实连接的本质原因，并进行深度思考和辩论。从数千年以前的犹太人，一直到散布于世界各地的犹太人，《塔木德》把大家彻底地联结在一起。任何人进入犹太学习共同体，犹太社会组织都会对这个人负责。犹太人认为，任何一个犹太人等于所有犹太人。他们连接环节的任何一个部分出现断裂，整个环节就都断了。正如《塔木德》所说："人首先是以个体形式被创造出来的，这样做是要教导人们无论谁毁灭了一条生命，上帝都视其为毁掉了整个世界；无论谁拯救了一条生命，上帝便视其为拯救了整个世界。因此，对人类的冒犯就是对上帝的冒犯。"这就是犹太人为什么成功的背后力量。

下面介绍几种犹太式"超级读书法"。

4.1 犹太学习共同体

犹太读书法就是整体的全人读书法，他们把一切都视为一个整体，把所有的领域都进行融合与整合，并且整合到各个时代与历史的背景当中，尤其是要把信仰和生活整合起来，把家庭、学校与会堂整合起来，把父母、教师和学生整合起来，读书就是其中的连接环节。基于这样的理由，犹太读书法自然就会重视传统，并且会关心过去和未来。要在传统里面找到智慧，并从其中创造出新的思想，进行实践。

读书不是新的创造。因此，犹太人的读书集中于过去的经典，把传统与真理通过生活予以连接。所以，犹太人不单独读书，而是要与长辈、家人、邻居和朋友一起来读书，形成学习共同体。从流传下来的祖先的生活智慧中，在彼此讨论与提出问题的过程中，创造新的融合力量。犹太父母会讲犹太伟人的故事，并把祖先和伟人当成榜样。他们也会强调爱因斯坦和弗洛伊德这类伟人是犹太人，孩子们从小就会把自己与这些伟人相比较，并让自己相信，他们将来有机会成为同样伟大的人物。通过这样的阅读，犹太人不仅传承了智慧，而且让每个平凡的孩子从小就产生了成为伟人或者修复这个残缺而不完美的世界的远大理想。

读书的最终目的是把不一样的人连接起来。每个人都应该珍惜自己的文化与传统，并与现代生活充分联系起来。如果学习中不能产生共同体，并与团队分离，与时代隔绝，与历史断裂，那就只剩下死路一条。当下的时代使用智能手机学习的孩子愈来愈多，但智能手机使人与人之间无法正常沟通。现代人一周应该至少有一天把手机、电视和网络关闭，通过人与人之间的正面沟通与交流，与历史和现实连接起来。安息日是上帝给犹太人的最好礼物，与其说犹太人持守了安息日，不如说安息日维系了犹太人。在那美好的一天，犹太人会放下一切事务，把最重要的家庭及其成员、传统、《妥拉》和《塔木德》等统统连接起来进行学习。

读书是一个人学会彼此体谅、沟通、聆听、分享、感谢和尊重的最好方法。这是无法靠一个人的单独力量来完成的，只有通过学习共同体和沟通的环节来连接彼此才有可能。只要坚持不断地学习和思考，就会有意想不到的美好事情发生。

4.2 父母与孩子最佳的对话和语言沟通时间

按照教育学和生理学的观点，孩子的成长会随着年龄的变化呈现出不同的特点，一般的规律如下：

1. 规范时期：1 ～ 7 岁；

2. 模仿时期：8 ～ 12 岁；

3. 激励时期：13 岁以上。

在规范期，首先要建立安全可靠的亲子关系，这是建立孩子秩序和优化孩子智力的重要途径。缺乏安全感和关爱的孩子，长大后很容易出现各种意想不到的社会问题。

在模仿期，要为孩子树立正确的人生观、世界观和价值观，否则孩子很容易出现攀比、享乐主义、好虚荣、精神空虚等不良品格。

在激励期，一味的注重分数和参加各种补习班，远不如经常带孩子参加一些增加情感性和社交性的活动，去引导和激励孩子的天赋。为孩子量身定做自己的教子计划，正是有效学习和培养未来领袖的开始。

上面这三个阶段统称为成长的"关键期"。大家想想，如果在孩子成长的关键期，只是一味地注重成绩，把孩子培养成"考试机器"，忽略孩子道德品格和价值观的塑造，不仅会导致大多数孩子厌学、叛逆、早恋和手机成瘾，更会为孩子走向未来埋下祸根。

比方说，有一位小学二年级的孩子，特别聪明，学习能力也特别强，但是由于父母离异和种种原因，导致这位孩子爱看"黄片"，偷窥女生内衣，小偷小摸，爱撒谎等"毛病"已展露无遗，这孩子的未来真得让人很担忧。试想，如果我们只是一味地注重考试成绩，而忽略这些内在品格的塑造，这难道不是一种对孩子和未来的"犯罪"行为吗？

除此而外，父母要与孩子平等友好的相处，并学会与孩子进行有效的沟通。按照教育专家的观点，父母每天有 4 个与孩子沟通的最佳机会：

第一个机会是吃饭时间，当一家人坐在一起吃饭时，正是舒缓身心和交流思想的最佳时间，吃饭时间是神圣而无价的学习时间，大家可以每月选择一个有趣而值得讨论的话题进行交流。切忌在吃饭时用一种居高临下的态度训斥孩子，结果会适得其反。

第二个机会是全家人共同旅行的时间。旅行既可以增加全家人的情感，又可以留下美好的回忆。一定要创造轻松又活跃的氛围，千万避免说教和唠叨，引起孩子的反感。

第三个机会是每天睡前的黄金时间。在睡前既可以同孩子亲密接触，了解孩子一天的喜怒哀乐，又可以给孩子讲故事，还可以充当孩子的人生顾问。

第四个机会是每天的早晨，一个充满笑声的早晨，可以定下一整天的基调。幽默不仅是一种高级智慧，更是塑造未来领袖的一项重要素质。

大多数犹太小孩大约在 4 岁时，就能掌握 1500 多个希伯来语单词。如果语言是思考的工具，那么犹太小孩从小就能掌握许多"思考工具"。

如果父母把教育的重点放在背单词上面，那么所期待的效果就会减半，重要的并不是学习单词，而是要与孩子"对话"。犹太小孩从出生开始，甚至在出生以前，就已经通过父母的声音接受许多"故事的洗礼"，特别是每天晚上在孩子睡觉之前，父母会躺在床上给孩子读故事听，这就叫作"睡前故事"或者"魔法时间"，这是犹太父母与孩子最佳的对话和语言沟通时间。

睡觉前的时间，就像是对孩子教育的魔法时间一样，其最佳时长应该在半个小时左右，此时，父母要与孩子进行亲密的对话，这对孩子一生的成长都会产生巨大的影响。因为父母很忙，所以讲睡前故事需要耐心和坚持，这能充分体现出父母对孩子的关爱。不论是悲伤的，还是令人不愉快的事情发生，犹太父母都会帮助孩子在当天完全消化那些负面的情绪。即使父母白天非常严厉地指责孩子，可一到睡觉前的半个小时，都要拍着孩子的后背哄他入睡，并给孩子讲故事，避免让负面的情绪存留在孩子幼小的心灵里。

睡前讲故事不仅能让孩子养成在固定时间睡觉的习惯，还有助于孩子发展语言和智力。在语言学习阶段中的小孩，能够直接接触书本里面的优美文句，长大后一定能提升语言表达能力。最重要的是，通过这段美好的时光，父母能把自己对孩子的爱全部传递给孩子。研究资料显示，经常听到母亲讲话的婴幼儿，比不经常听到母亲讲话的婴幼儿有更优秀的语言表达能力，而且在智商、创意与解决问题方面都较优秀，并有利于孩子从小养成良好的阅读习惯。

对孩子而言，最好的语言教育就是与父母交流和沟通。美国哈佛大学的一位语言学教授说："那些经常跟小孩讲许多话，并在交流中与孩子平等对话的父母，会使他们的孩子拥有较优越的语言表达能力。"此外，睡前讲故事还能促进人的大脑的成长。人的大脑中有一个被称为"海马体"的部位，当人处于睡眠状态时，会自动整理需要储存的内容并进行记忆储存，活泼运动的"海马体"能够记住白天的所有经历。所以，睡眠之前的活动，最容易被大脑储存当作记忆内容的一部分。这也就是孩子们即使过了好多年，也会记得睡前故事的原因。

因此，睡前讲故事能够带给孩子正向与稳定的情绪发展，其影响会伴随孩子的一生。这样的过程，不但能培养孩子的思考和语言表达能力，也能让孩子逐渐喜欢阅读和书写，这也是犹太人中能够产生那么多伟大的文学家和艺术家的重要原因。

4.3 三阶段读书法 ——观察→解释→运用

按照哲学原理和认识事物的规律，认识事物的方法主要有两种，即演绎法与归纳总结法。演绎法就是从一个观点出发，再推导出其他的结论；归纳总结法就是从观察、解释、运用中归纳出新的结论。

犹太人在很早以前就通过使用归纳总结法进行学习。熟悉归纳读书法的犹太人，在创业方面具有卓越的能力，他们通过仔细观察所遇到的问题来进行综合解释和分析，从而找到解决问题的办法。

归纳总结法一般有三个过程，就是"观察→解释→运用"三阶段。人们通常提出下列问题来进行学习："每句话所表达的本意是什么？""如何理解这句话的意思？""如何把这句话运用到生活当中？"

拉比们在学习《塔木德》的时候，会经常使用"观察→解释

→运用"这三段法。《塔木德》的最后一个章节一般是留空的，给每位读者留下充分思考和增加内容的空间。

人若想好好生存应终身读书，没有人可以免于学习。既然如此，可不可以让读书也成为一件令人愉快的事情呢？

除了上述的方法以外，犹太读书法一般是从高阶内容进入低阶内容。犹太孩子在年少的时候，学习的内容就是最形而上和最难的东西。按照心理学的理论，孩子在认知能力还不发达的0到3岁期间，不管给他什么内容进行学习，孩子都可以接受。这时候学习的不是书本知识，而是为了充分开发孩子的学习智能，其学习的主要内容就是挖掘人的灵性和人性。有些内容大人或许会觉得很难，但对于孩子来说，直接接受有可能会很容易。就比如说，孩子经常会向大人询问：人究竟是怎么来的？人为什么会死？地球和太阳究竟是怎么产生的？诸多问题对于大人来说很难很复杂，但对于孩子来说，只要能找到一个非常直观的答案即可，关键在于能否激发孩子的好奇心。人类有数千年不变的真理和法则，学习这类真理法则的最佳时间是婴幼儿阶段和少年时期。

一旦开发了孩子的灵性和人性，再学习知识和技术就非常容易，因为此时的他们理解力、想象力和创造力非常强。如果已经产生了主动学习的动力，读书也就会成为一件愈来愈容易和快乐的事情。

4.4 立体式"五感读书法"

犹太人在研读律法书的时候，并不把这本书当作工具书。他们把律法书里面的字、词、句写在小盒子上，再把小盒子戴在手腕或贴在额头上，以此来加深记忆和学习的神圣感。另外，他们也把字、词、句写在长方形的盒子里，贴在自家的门楣和大门上，以提醒自己不要忘记这些内容。这是按照《妥拉》的教训与教导进行的：小盒子里面有四个格，分别将《出埃及记》第13章第1至10节、《出埃及记》第13章第11至16节、《申命记》第6章第11至16节、《申命记》第13章第13至21节的经文写在里面。犹太人出入家门的时候，都要亲吻这些经文。这是把经文刻在他们的大脑中和手上的视觉训练，目的是不忘记经文并将之刻印在身上和心上的"五感读书法"。

犹太人的"五感读书法"的学习内容，包括历史、哲学、思想、仪式、传统和民族性等，几乎囊括了一切。他们不但在安息日进行学习，还要在逾越节、住棚节、大赎罪日、普珥节和光明节等节日进行学习，通常每个节日会持守一周的时间，犹太人视每个节日为最重要的学习时间。他们会调动所有的感官来学习，并通过对《妥拉》和《塔木德》的讨论来掌握犹太民族的传统和历史。例如，在普珥节期间，有制作象征恶人哈曼的饺子来吃的习俗。制作与食用哈曼饺子的时候，就会让犹太人忆起胜过恶人哈曼的历史事件，几乎所有的犹太节日都和历史有关。

犹太人头戴小圆帽，是为了纪念耶和华神与他们同在的历史，并且提醒人们：人在上帝面前要永远谦卑。每个犹太男孩在出生 8 天后，都要通过"割礼"来割除包皮，以代表他们是上帝经过特殊"拣选"的民族，让他们永远不要忘记自己的特殊身份。

除此以外，传统犹太人不论男女老少，衣服的每一角都会缝有一条深蓝色的线，象征上帝的律法。透过这一条线，犹太人会提醒自己不要固执己见，而要按照上帝颁布的律法来过神圣而圣洁的生活。在犹太人的婚礼中，必定有一个踩碎玻璃杯的仪式，提醒犹太人在不顺服上帝的意旨时，圣殿被外邦人破坏，他们会陷入苦难的深渊。踩碎玻璃杯的另一层含义，是表示婚姻就像杯子一样，破碎了就不能恢复。提醒新郎新娘，一旦进入婚姻就不能后悔，婚姻是一件非常神圣而长远的事。

我们的孩子在读书的时候，通常只用脑部进行学习。但头脑是通过感观来学习的，透过"五感"来刺激大脑进行思考是最好的读书法。所谓的"五感"立体读书法，就是在读书时使用眼、鼻、口、耳和手的方法：眼可以看，耳可以听，鼻可以闻，口可以说和尝，动手触摸可以刺激大脑和身体各种感官，通过这些感观来认识世界和理解世界，从而扩大思考的范围和深度，尤其是当"五感"中的几个器官同时启动时，效果自然会比只用一种感官好得多。正如一句犹太格言说的："要鼓励孩子活泼地学习。"也就是说，"五感"立体读书法可以使孩子的学习效率大大提高。

在人的"五感"中，首先发展起来的是听觉。所以，要在孩子小的时候，让他通过歌谣来学习故事，这是最好的学习方式。

把故事编成儿歌，让孩子在音乐声中进行背诵，会产生更好的学习效果。在木琴和口风琴这类乐器上涂上颜色，有助于孩子同时培养音感和色感。各种颜色的珠子、积木和拼图也是非常好的教材，顺着歌谣动手来玩这些玩具，不但可以促进触感，也可同时训练听觉和视觉。另外，还可以试着让孩子把听到的内容画出来。不要去强迫孩子，没有比在生活中的自然状态下进行学习更好的教育方法了。

犹太小孩从 6 岁开始上幼儿园。幼儿园老师教孩子用手指按在字母上朗读，所以他们不仅要用眼睛看，还用到手和口，同时调动许多感官来进行学习。不仅如此，他们还要调动整个身体来学习。许多犹太人通过摇摆身体并且来回走动来读书，即使是走在路上，也是边走边读。犹太人通过这种运动读书法训练自己拥有很强的记忆力，许多人可以把《妥拉》和《塔木德》完整地背诵下来。

这种"五感"立体读书法一般还有三个步骤：

第一步：记下内容重点

教导孩子读书的时候要作小笔记。在笔记本上可以画图、记重点等，让手活动起来，这样可以刺激脑部发育。把重点记下来，能够提高整理能力，同时也可以强化背诵和理解能力。尤其是在自己读书的时候，使用记录加上诵读，可以同时刺激口和耳，其效率更高。

第二步：学会使用颜色和图表

熟悉使用小笔记之后，可以更进一步练习使用更多的颜色、图表和心智地图来记忆，这更有助于理解与背诵。因为通过大脑中的图像和运用想象力来学习，更容易将学习的内容深刻记忆。

第三步：师生互换角色

如果孩子使用小笔记来整理与摘抄重点内容，也可以试着让孩子扮演老师的角色，从而把学习的内容表演出来。师生可以互换角色，通过表演理解文章内容，这样做不仅有助于理解，还可以持久记忆。

犹太人还会把右手的食指按在书本上，一个字接着另一个字读下去。但因为《妥拉》是神圣的书，跟一般的书不同，不允许用手指直接按在上面，犹太人便会使用一种像手指一样的工具来替代指头（雅德），不过仍然是一个字接着一个字读下去。犹太人用全身体，尽心尽力地专心读书，从而使记忆力和理解力不断地提高，正如《圣经·申命记》（6:5）中所言："你要尽心、尽性、尽力爱耶和华你的神。"犹太人发财的最终目的是为了更好地学习《妥拉》，读书的目的是真正地认识上帝，所以要全身心地读书，因此学习效率也自然非常高。

4.5 产生独立思想的五个环节

对于犹太人来说，"写作就像开支票"一样，对于他们的人生非常重要。通过写作可以整理自己的想法和经验，使先前获取的信息转变成自己的知识，从而让智慧与方法闪现。人们常常有很多想法，但要用语言表达出来却很困难。写作如同一把修磨想法的刀。写作需要训练，通过书写可以发现自己的想法中存在的矛盾，并且可以提炼优化自己的想法。

读书的输入与输出同样重要。没有好的输出，读再多书也没用。正如爱因斯坦所说："教育训练是使个人从他人那里独立出来，造出有思想的人，那力量是运用在解决社会问题上的。"因此，不能使用的死知识又有何意义呢？

写作是整理表达出相当一段时间产生的思想，演说则是当场整理并且展示自己的想法，从而与别人进行交流和沟通。一个人发表什么样的内容，就可以看出这个人平常在思考些什么问题，很容易从中发现他读过什么书，有哪些地方存在不足。写作是读书的最后阶段。

犹太人在13岁时就要举行传统的"成年礼"仪式，每个孩子必须在众人面前发表15分钟的演讲。为了能在"成年礼"上展示自己的才华，孩子们需要在拉比的协助下完成演讲稿。整理完演讲稿，就要在众人面前演讲，这也是一种思想的展示和发表。有价值的演讲可以赢得掌声，从而提升孩子的自信心。"成年礼"的文化凸显出犹太人重视发表意见来说服别人，这是每个孩子进入成人阶段的第一次亮相。每个孩子要向众人宣告，自己是一个成年人了，今后要为自己的一言一行负责。

中国的学生都有着沉重的考试压力，不少孩子因为考试而得了抑郁症，甚至放弃生命。他们人生的全部仿佛就是不间断的考试，学生即使从大学毕业以后，仍然为了获得许多证书要去面对各种考试的压力。人们都喜欢参加测试或者小测验，每个人都有玩过猜谜和脑筋急转弯的有趣经验。小测验也是一种考试，但因为没有负担，就容易让人没有压力。在课程进行的过程中，加入小测验会让学生乐于参加考试，这样可以让考试变成一种持续提问的学习方式。

犹太人是享受考试的民族，他们的生活被各种小测验填满。犹太人在家中或在学校里都可以通过小测验来快乐地学习。犹太人是一个不断面临考验的民族，对于犹太人而言，考试如同生活。每当遇到难以承受的困难时，他们就会集中精力解决难题，从而成为头脑非常灵活的一个民族，并用头脑和学习来统治世界，这是考试给犹太人带来的祝福。

犹太人为了赢得考试，享受考试并战胜考试，开发出了独特的幽默感，幽默与诙谐是犹太人的民族性格。即使处在无法承受的苦难中，犹太人也不失幽默。他们学习的《塔木德》中的故事就是由提问和小测验组成的，就仿佛是一个考试的问题集。正是因为这样，犹太人面对提问或考试时才不会有任何压力，反而愿意去解答。

《塔木德》里面有这样一个问题："人出生的时候，两只手是紧紧握着的，但死的时候却是张开的，为什么呢？"拉比给出的答案是："人出生的时候，想要获得世界的一切，但死的时候，却把一切留给世界。"

《塔木德》中还有一个小测验："有人在黑暗中看见盲人提灯走过来，就问盲人为什么要提灯走路，盲人的回答是这样的：为了让明眼人看到自己走路，这样既照亮了别人，也保护了自己。"这样的问答究竟如何？是否可以充分激发孩子的好奇心和想象力？

犹太人不是为了找到答案而来考试，而是为了寻找没有答案的问题，寻找答案的过程才是对自己思维的考验。这是考试带给犹太人的收获，因为通过考试可以发现自己错误的想法，并有机会进行修正或更新想法来进步。回避考试的人无法找出自己错误的想法，以至于一生都过着错误的生活。考试是一个学习谦虚的过程，若没有考试，人就很容易产生骄傲自满的情绪，没有考试的人生之路是到达失败的最快道路。

会读书的人就会享受考试的过程，想经常考试，因为这是一个机会，可以证明自己在阅读中的收获。考试是学习途中的检查站，寻找答案不是考试的目的，标准答案更容易固化人的思维。因此，犹太人常常通过小测验这种有趣的方式进行问答，享受生活中的考试，就不会感到沉重的考试压力，并且在考试中变得越来越强大，变得越来越有自信心。

犹太人认为，学习不只是从老师身上获取知识，更要向同学学习。犹太人很重视"学习伙伴"，他们认为担任彼此的老师、互相讨论非常有效。《塔木德》中说："向老师学习虽多，但比不上向同伴学习。"学习中如果只把自己的老师当作唯一的权威，就很难产生发散性思维。因此，犹太人在学习中非常鼓励学生挑战权威。正如爱因斯坦所言："我一辈子反对权威，不幸的是，我自己也成了权威。"

如果自己所学都能够变成自己的知识，就可以通过教导他人来证明自己的价值。所以，在学习过程中，如果能够有机会教导朋友则效果更好。因为，一个人在教导他人的过程中可以知道自己的不足，从而学得更多。老师或教授资格是评估这个人知道了多少，而不是看他能够传达多少知识。许多老师知道很多，却不会教导学生，不应该获得当老师的资格。如果不能把自己的知识有效地传达给别人，他所获得的知识就是死知识。

发表能力是现代社会中成功的必要条件。发表不只是在学校课堂中，也是应征工作时的重要一关。在企业主管会议、国际研讨会、记者会等场合中，要求个人表现的机会很多。透过会议设备和程序来辅助发表的趋势，使得现在的发表比起以前只靠口语演说的方式有了更极致的效果。有创意的发表技术是俘获参与者和听众注意力的武器。

通过讨论可以检验一个人的思考能力，而通过发表则可以评估一个人的表达能力。获得再多的知识，若表达能力不足，就说明其读书尚未进入综合整理应用的阶段。读书不只是输入知识，更要把所学的知识传递给社会。

犹太人认为，如下 12 条可以证明一个人的表达能力：

1. 创意力：以新的眼光看待一切事物。

2. 自信心：通过完整的准备来拥有自信心。

3. 正确性：让重点明确地显现出来。

4. 单纯化：让所有人容易理解问题的关键。

5. 好奇心：引起对方的学习兴趣与好奇心。

6. 共感力：站在对方的立场来阐述问题。

7. 独创性：有故事和自己的风格。

8. 准备性：更多地读书与彻底的准备。

9. 整体性：不只是用口，而是用全身来进行讲述。

10. 真实性：不刻意做作，而要自然真实地传达。

11. 幽默感：具有幽默感是一种大智慧。

12. 现场感：与听众在一起互动。

以色列共有 66 所大学，其中有 7 所大学进入世界大学排行榜前 500 强。正是因为高质量的大学教育，才吸引了比尔·盖茨、巴菲特等世界大亨到以色列投资。对于以色列的大学教授来说，"不发表就意味着死亡"。

第五章　读死书的人是一头驴

——如何训练和保护孩子的创造性思维

没有追求的生命是没有价值的，没有根的思维只会开花不会结果。

——亚伯拉罕·海舍尔

教师教学生：知识在等待着你们，知识可以使你们腰缠万贯。

——鲍勃·迪伦

人类的进步，都不是在意见一致的情况下达成的。凡是比别人更早得到启蒙者，都会因此率先追寻亮光而遭到谴责。

——哥伦布

5.1 培养孩子积极乐观的性格

逾越节是犹太人的一个重要的传统节日，是为庆祝犹太人出埃及而设立的家庭晚宴和纪念活动，对孩子早期的文化启蒙有着很重要的作用。

按照犹太人的传统，家宴一开始，犹太爸爸就会直接引导孩子进入"四个问题"环节——这是逾越节传统的开场白，即由家里最小的孩子向他的哥哥姐姐们提出一系列问题。很显然，提问是一种根深蒂固的犹太价值观。鼓励孩子自由提问，能使犹太孩子很早就开始走向一条"基于讨论和对话"的"质疑"之路。这条道路通常完全独立于他们在学校的体验。作为一种明确的宗教价值观，《妥拉》告诉父母必须鼓励孩子提问。于是，犹太家庭的这种质疑模式和提问习惯逐渐渗入到每一个传统的节日晚宴和家庭讨论中。从历史的角度来讲，犹太教师与学生之间对话的通常的模式是：首先由老师提出问题，同时鼓励孩子也提出问题，然后再分享并讨论他们的疑惑和答案。老师的责任不是给孩子一种标准答案，而是想方设法地让孩子将一个问题变成多个问题。

在犹太家庭的讨论中，所有问题都会引向调查和考证。一般犹太家庭的餐厅旁是客厅和书房，书柜的高度都特意设计得能让孩子容易够到，里面会存放各种各样的书籍，包括犹太典籍，各种参考书和字典以及儿童百科全书或成人百科全书。一旦有问题大家回答不了，父母就会对孩子说："你为什么不自己去查找资料？"于是，孩子们就会自己翻阅各种资料，甚至打开书再次讨论和分享。同"提问和质疑"一样，这种鼓励孩子"自己学习、为自己学习"的理念是犹太式学习法的精髓。这种"基于询问和调查"的独特的"犹太式学习法"在培养孩子的批判性思维和学习能力方面非常有效。因此，这种"家庭时间"和"基于询问调查式"的学习行为能够成为学校学习以外的重要补充，能帮助孩子们学会"如何学习"，而学校、家教、准备考试这些方面则会让孩子知道"应该学习什么"。

曾经有人问诺贝尔物理学奖得主伊西多·拉比，为什么能够成为一名科学家。他回答说："我妈妈在不知不觉的情况下，把我培养成了一名科学家。每个孩子回家后，家长都会问：'你今天学什么了？'但是我妈妈却问我：'伊萨，你今天提了个什么样的好问题呢？'这就产生了差异。因为提出好问题的习惯而使我成了一名科学家。"

有这样一则犹太故事很耐人寻味：

一位犹太父亲要对一对孪生兄弟做"性格改造"，因为其中一个孩子过分活跃，而另一个孩子则过分消极。一次，爸爸买了许多色彩鲜艳的新玩具给消极的孩子，又把积极的孩子送进了一间堆满马粪的马棚里。

第二天清晨，父亲看到消极的孩子泣不成声，便问道："为什么不玩那些玩具了呢？"孩子哭泣着回答道："玩了就会坏的。"

父亲叹了口气，走进马棚，却看见活跃的孩子正兴高采烈地在马粪堆里掏着什么。那孩子洋洋得意地向父亲宣称："爸爸，这马粪堆里肯定藏着一匹小马，我一定要把它挖出来！"

犹太父母不仅仅培养孩子热爱学习和思考的习惯，更希望自己的孩子成为一个积极乐观的人，从小就塑造孩子的这种性格和精神。对于做任何事来说，积极乐观的精神是非常重要的，拥有积极乐观的精神，做起事来才会不怕失败。犹太式幽默不仅可以塑造犹太人积极乐观的性格，还能锻炼"犹太脑"解决问题的能力；不仅让每个犹太人能够快乐地生活，还能用幽默化解矛盾和危机，让犹太人拥有很高的情商，变愤怒为欢笑，创造幸福美好的人生。

犹太民族是一个非常幽默的民族，下面让大家感受下犹太科学大师爱因斯坦幽默的力量。

1. 反正都一样

爱因斯坦默默无闻的时候，有一次在街上遇到一个熟人，熟人问他："您为什么穿得如此破旧呢？"爱因斯坦回答："反正没人认识我。"后来，爱因斯坦出名了，成了大名鼎鼎的科学家。这人来爱因斯坦家做客，又问他："您现在成了伟大人物，怎么还是穿得如此破旧呢？"爱因斯坦则回答："没关系，反正大家都认识我了。"

2. 职业模特

由于爱因斯坦的长相很有特点，总是引得摄影师、画家、雕塑家络绎不绝地前来，大家纷纷请求他摆姿势，让他们摄、画、雕。一位初次见面的客人问爱因斯坦："请问您的职业是什么？""职业模特。"爱因斯坦温和地说。

3. 真实看法

爱因斯坦很喜欢孩子，只要有机会，他总会和他们亲热一番。一次，一位崇拜爱因斯坦的年轻人把自己才18个月大的儿子介绍给这位伟大的科学家。当孩子抬头看到爱因斯坦那张颇为怪异的脸时，忍不住尖声啼哭了起来，这使年轻的父亲感到非常窘迫。但爱因斯坦丝毫没有生气，而是慈祥地抚摸着孩子的头，风趣地说："多少年来，他是第一个把对我的真实看法直接告诉我的人。"

4. 夫人的秘密

爱因斯坦的科学理论和研究工作对于他的妻子爱尔莎来说是一个难解的秘密。有一天，她抱怨说："难道你就不能跟我谈点儿你的工作吗？人家对你的工作谈得很多，我说我对它一窍不通，那我会显得多笨呀。"爱因斯坦沉思了一会儿，想不出该如何回答她，突然，他眉开眼笑地说："如果以后人家问你，你就告诉他们，你什么都知道，只是不能把它们讲出来，因为这是个秘密。"

5. 家中无大事

有一天，一位老朋友来爱因斯坦家闲聊，问他们夫妇何以能相处得如此和谐，爱因斯坦含笑答道："自从结婚以来，我们就一直遵守着一项原则：家中大事由我决定，小事由太太做主，所以这些年来从未有过争吵。"过了一会儿，他好像从沉思中醒来，补充道："现在回想起来，我们过了这么多年，家中竟未发生过什么大事。"

只要是和犹太人接触过的人，都会有一个深刻的印象：几乎每一个犹太人都非常幽默，不仅具有积极乐观的性格，而且具有不怕失败、百折不挠的精神。这不仅仅是犹太人的一种"天赋"，更是一种文化传统。他们通过对历史和文化的每一个细节的认真思考，将这种文化基因"遗传"到每个犹太人身上，让他们勇于创新创业，敢于挑战不确定的未来。

5.2 实践所学的知识才是"活读书"

世界上有"死读书"和"活读书"两种读书法。"死读书"止于知识，"活读书"则要把学到的知识实践出来，这样才有价值。正如《塔木德》中所说："所行胜于所知者，所知得以长存。所知过于所行者，所知难以存续。"这句话不仅指出了"知行合一"的重要性，更强调了实践和使用知识的重要性。

希腊语常常是以名词为中心，但希伯来语却经常以动词为中心。希腊人以理性思想为读书的主要特征，强调对新知识的理解和觉悟，透过思考与讨论深入知性的世界。他们关心的是如何辩证思考自己的主张，从而来说服别人。因此在考试的时候，也把重点放在先解答重复学过的知识和所知道的知识上。

而犹太人则更强调能否实践所学过的知识。如果知识是理解和审查的话，智慧是要把所知实践出来。希伯来语称知识为"雅达"，就是"知道"的意思，也就是"透过经验而知道"。以实践为目标的学习者，和爱自夸知识渊博的学习者有根本的差别。没有实践出来的知识是死的知识，而活的智慧重点在于使用知识的能力。

《塔木德》中有这样一则故事：

有一位知识渊博的学者走在乡间，途中经过一条小河，学者必须搭船渡河。小船上没有别的旅客，只有船家和学者两个人。船行到河中三分之一的位置时，学者问船家：

"你学过文学吗？"

"没有，像我这种开船的人，哪有机会学文学呢？"

学者说："那么，你浪费了三分之一的人生。"

"……"

船行到河中一半的位置时，学者又问船家：

"你学过哲学吗？"

船家不好意思地回答："没有！"

学者又说："那么，你浪费了一半的人生。"

船家不好意思再说话。

船行到三分之二的位置时，突然河面上刮起了旋风，船身剧烈摇晃。此时，船家问学者：

"学者，你学过游泳吗？"

学者回答："没有，我没学过游泳。"

船家激动地说："那么，你的整个人生都浪费了。"

此时，船家跳到激流中，优哉游哉地游到对岸，但不会游泳的学者却因翻船淹死在河中。

这则故事就是在讽刺"死读书"的学者，下面再看另一则《塔木德》故事：

一天，一位年轻又聪明的犹太学生来找拉比。学生夸耀自己过去几年读了很多卷《塔木德》，非常得意地要求拉比测试一下自己。拉比举出《塔木德》里许多很艰难的论证作为问题，学生似乎都准备充分，毫无困难地回答出标准答案。

但听完标准答案的拉比却生气地责难学生："你还差得远呢！"接着，拉比很平静地说："你虽然读了很多书，但就好像毛驴在背上驮着一堆书一样。"

"活读书"首先要把知识进行消化和理解，包括把所学过的知识实践出来的体验过程。实践和实行看似相同，却又不同。实践像实习一样，是试着做一次；而实行却是持续地进行，实行是反复地实践。实行需要持续的学习，才能在实际情况下不至于失败。这如同运动员在比赛前持续地训练，按照实际的情况来进行训练，到比赛现场才能有不凡的表现一样。

　　犹太人称读书为"希努克"，就是"奉献"的意思。对于犹太人而言，教育就是为了培养国家与社会的"侍奉者"，所以，学习就是要出去实践。不仅是学习知识，而且从小就要积累劳动的经验和锻炼赚钱的能力。犹太父母让孩子在求学初期就有打工的经验，让他们学习管理零用钱。从小就独立，不依赖别人，让孩子很早就有实践的能力。因此，犹太的年轻人从大学一毕业，80%自己创业，剩下的20%进入大企业或政府机关。

　　《圣经》上说："当人口渴的时候，眼前的一杯水，胜过世上所有的水。"所以，我们所学的知识是在当下的生活中可以使用，并能够得到智慧的力量。读书是为了改变生活，读的书越多，实践的责任就越大，实践的能力就越强。因此，在小菜园里种植物，亲自体验植物成长的过程，与通过植物图鉴的学习完全不同，这是从"死读书"转向"活读书"的路径。

5.3 读书的目的是让人变得谦卑

"人的一生为什么要读书？"如何回答这个问题？《塔木德》说："要认真教导自己的舌头学会说'不知道'。"这个答案就仿佛古希腊哲学家苏格拉底说的那句话："我知道自己的无知。"也就是说，犹太人也认为"读书的目的就是知道自己的无知"，因为只有知道自己无知的人，才能真正变得有知。所以，犹太人认为，读书的最终目的就是让人变得谦卑。

苏格拉底还有句话："认识你自己。"也就是说，只有认清自己才是真正的智慧。学习知识的最高境界是让自己变成一个有智慧的人，一个有智慧的人一定是"知道自己的无知"，内心非常谦卑。知识是用头脑进行理解，而智慧却是要把知识在生活中实践。希伯来文"智慧"的意思是，教导人学习掌握世界上所有事物的本质知识的能力。每个人都无法看到自己的脸，只有通过镜子才能看得到自己的脸。犹太人认为，学习律法书就像照镜子一样，通过读书才能找到自己走向天堂的路。所以，犹太式读书法从根本上培养孩子有意义地学习，而并非为了考试而学习。正如伟大的科学家爱因斯坦在《犹太人的理想》一文中所说："为知识而追求知识，几乎狂热地酷爱正义，以及要求个人独立的愿望——这些都是犹太人的传统特征，并使我因自己属于它而感到庆幸。"

《孙子·谋攻》中说："知彼知己，百战不殆。"这就是告诉人们，如果能对双方情况都很了解，打仗的时候就可以百战百胜。

世界上最难也最容易的事情，就是了解自己和认识自己。人生最大的功课就在于读懂"自己"，也就是真正知道"我是谁？我从哪里来？要到哪里去？"这是有名的哲学三问，用德国哲学家康德的话说就是："我是谁？我能够做什么？我应该希望什么？"认真思考这些生命中的大问题，是读书的最高境界。

犹太人称呼第一年在犹太会堂学习的人为"智者"，第二年在犹太会堂学习的人为"哲人"，第三年学习的人才是"学生"。这是因为年级越高，所学越多，人也会变得越谦虚。中国人与犹太人恰恰相反：学习第一年称为"学生"，学习第二年的人变成"哲人"，学习第三年的人则成为"智者"。

通过不断地学习，彻底了解自己，并且知道自己的不足，这样才能真正影响社会，并成为服务他人的"奉献者"。当这种人成为领袖，国家和社会才能发展。读书能让人变得谦卑，比从任何一所大学毕业、获得多少知识和什么文凭都重要。

5.4 如何训练和保护孩子的创造性思维

毕加索说过一句话："儿童是天生的艺术家，问题是怎样在长大之后仍然保持这种天赋。"重返我们的孩提时代，回忆5岁或6岁的时光，回到我们刚开始探索人生中的许多"第一次"，每个人都会有一个相似的经历——在幼儿园的时候，每个孩子都是那么聪明伶俐、无忧无虑、快乐单纯，天真的童年时光让人终生难忘。

可后来为什么大多数人都变得呆板愚蠢，反应迟钝了呢？

　　拿两组孩童做例子进行分析，一组是4~6岁的婴幼儿，一组是7~10岁的儿童，我们可以轻而易举地发现它们之间的差别：第一组在创造力方面的表现远远超过后者。虽然这并非科学界的重大发现，但每个孩子创造力减退的速度之快令人感到惊讶。也就是说，随着年龄的增长，人的创造力逐渐减退。为什么会出现这种情况呢？也许同我们所受的教育和社会环境有很大的关系。

　　在每个人的少年时代，都曾拥有过伟大的、富有挑战性的和灿烂彩色的梦想——有人渴望成为一名艺术家，有人渴望成为一名火箭专家，有人渴望成为一名神探，有人渴望成为一名领袖，有人渴望成为一名英超联赛的专业球员……而且大多数人感受不到失败的滋味，每个人都是勇敢的，每个人都渴望实现自己的梦想。

　　在传统的犹太家庭，每个人都可以自由地说出自己想说的话，自由地做自己想做的事，但有两个词绝对不允许出现在孩子的日常用语中：

　　第一个词就是"我的"，第二个词就是"不能"。更少的"我的"是为了督促孩子学会与别人分享，更多地为他人着想；犹太父母禁止孩子说"不能"是为了让孩子学会独立思考，并相信自己的潜能和技艺，让每个人相信"一切皆有可能，只要他敢想敢做"。因此，不管是第一次滑冰时无数次的摔倒，还是第一次游泳时的呛水，或者是第一次考试时的成绩不理想，父母从来不会责怪孩子和限制孩子，而是想方设法地鼓励孩子坚持探索，敢于失败，告诉孩子们没有什么不可能的事情。

当每个怀揣梦想、满腔热血、天真活泼的孩子将梦想告诉自己信任的人时，首先应是父母或老师，如果他们的回应是"太难了""太冒险了"或"这不可能实现"，换句话说，就是找各种理由告诉你做这件事为什么不好，这件事你为什么不能做或不应该做，让你放弃梦想，那么，下一步孩子就有可能放弃所有的梦想，其想象力或者创造力注定会被无情地打压和限制，今后再也不会尝试去做什么。

犹太人究竟是怎样让孩子保持这种创新精神的呢？如何激发他们的想象力和创造力呢？我们要从他们的核心文化——语言里找到有趣的答案。就仿佛英语会被认为是在西方社会里"一流的"沟通工具一样，希伯来语在犹太人的生活中也扮演了同样重要的角色。希伯来语里有一个非常特别的单词叫"虎刺帕（chutzpah）"，这个单词代表了普遍意义上的犹太创新精神。

"虎刺帕"不容易被其他语言翻译，它有一点神秘色彩。更有趣的是，如果你走在以色列的马路上问任何一个犹太人，都会得到差不多的反应——大家都知道是什么意思，却不知道该怎么向你解释。

"虎刺帕"的内在意思是大胆、勇气、"厚颜无耻"和"积极的无礼"，还有另一层重要的意思——不接受现实中"不"这个答案。因为犹太人认为，生活中所有的事情都可能发生，只要你有"虎刺帕"的精神，就没有不可能的事情。随着年龄的增长，大部分人选择直接走入社会的大门，只有少部分人还愿意坚持探索自己的道路，所以人们的创造力在逐渐下降。

此外，犹太教育中还非常注重锻炼孩子们的逻辑思维能力，想方设法地让他们打开自己的心灵之门和大脑之门，并迫使他们发现一个充分实现自己人生价值的机会，父母不会帮助孩子开辟捷径。犹太父母擅长运用"饥渴"的手段来激励孩子的自信心，同时又锻炼他们的实践能力和求知欲望。

犹太父母常常鼓励孩子不要害怕"做大梦"——相信每个人都能够做自己想做的事，成为自己想成为的人，并经常提醒孩子不要满足于已获得的成就。如果一个人安于现状，就会让许多通向未来的大门关闭，这就是犹太人不断拥有创造力的巨大动力。

下面是一所犹太创意人性学校的活动表，它能够充分体现犹太人如何通过创意读书法来培养孩子的创造性思维，供大家参考选用。

时间	主题	使用	部分	读书内容
09：00~09：30	启动读书	五感／身体		体验／游戏
				娱乐
09：30~10：00		心		破冰
				称赞与祝福
				看图像
				歌唱背诵
10：00~12：00	共同学习	知识	输入	解释主题
				分享经验
				说故事
				提问
				说明
			储存／整理	讨论
				辩论
				心灵地图
				背诵
			输出	整理／写作
				发表
12：00~13：00	家庭／组合	统合		聚餐
13：00~15：00	学习生活	智慧		运用
				实践

序号	态度	心	品格	生活	人格
1	体谅	自信心	守约	时间	爱
2	信实	思想	宽容	物质	喜乐
3	聆听	感性	沟通	试炼	仁德

续表

序号	态度	心	品格	生活	人格
4	肯定	平安	谦虚	成功	亲切
5	感谢	压力	勇气	失败	善良
6	热情	诱惑	自尊心	愤怒	温柔
7	信赖	动机	侍奉	诚实	节制
8	忍耐	知识	包容	贪心	知足
9	谦虚	不安	公平	勤劳	忠心
10	鼓励	依赖	敏感	幸福	智慧

五感读书法

身体领域

1. 体验和游戏：通过运动身体和感觉的游戏进行体验

①开始读书之前，在运动场或较大的空间中有一段个人的玩乐时间。

②自由的时间内通过身体和五感游戏尽量运动身体。

③供多样的体验空间（如玩泥土、木工游戏、堆积木、玩球、堆沙、美术、乐器演奏、自然小菜园等）体验个人喜欢的内容。

④这是离开学校，在游戏中学习的时间。

⑤打开感觉，通过身体和五感刺激脑部，内心平静，提高读书效率。

⑥在尽情玩乐之后，可以提高读书的专注力。

2.娱乐：用与学习共同体的娱乐活动来暖身

娱乐时间可以平缓心灵和思想的紧张，可以通过游戏实现再创造。

①非个人的，而是通过学习共同体参与的方式进行。

②可以进行玩球、火车游戏、抓尾巴、叠罗汉、小型奥运会等简单的活动。

③游戏让人快乐，也可以活跃大脑。

心的领域

1.破冰：小测验与猜谜的解答

①通过简单的小测验进行脑部体操，是准备读书的过程。

②简单的常识小测验，或看情况进行脑筋急转弯。

③简单的小测验可以作为学习的出入口。

问题1：人为什么有两只耳朵一张嘴？

答案1：为了听别人的声音多过两倍于自己所说的。

问题2：人的眼泪为什么是咸的？

答案2：如果遇到丧礼，哭太多、流太多眼泪，眼睛会瞎掉，但因为眼泪是咸的，就无法继续哭下去。

问题3：耳朵里面的液体为何是油性的？

答案3：如果听到不好的消息，没有从耳朵出去，心会生病，甚至死亡。但因耳朵有油性的液体，听到的坏消息很容易跑出来。

2.称赞与祝福：通过称赞和祝福得到肯定的力量

①逐一介绍参与者，每个人都要说出被介绍者的一项优点。

②众人面前听到称赞和肯定的话语，心灵得到力量。

③用个人最大的优点来称赞，不过称赞的内容力求平凡，不要夸大。

④尽量称赞过程而非结果。

⑤发现人的潜能，让潜能变成优点，因此称赞是越仔细越好。

⑥称赞包括鼓励、安慰和感谢。

3. 图像：阅听关于主题内容的感人故事或影片

①播放有关主题内容的短片。

②如果时间允许，也可播放与主题有关的电影中的片段。

③真实纪录片比编撰的影片更好。

④一个简单但感人的故事就可以让人获得学习的动机。

⑤把故事编成剧本，以角色扮演来感受。

4. 歌唱背诵：唱出要背诵的内容

①以歌词和音律来背诵，可以强化心思能力，并让心情变好。

②背诵能提高专注力，并使脑部变柔软。

③把前次学习的重要部分，编歌唱出来。

④尽量不要直接背诵，加入音律来背诵更有效果。

⑤加入音律来朗诵一首诗。

⑥背诵好的名言，有益于提高学习动机（每个上课时间都要如此进行）。

上述犹太创意人性学校活动表充分体现了犹太式教育寓教于乐的特点：通过各种各样令人心情愉悦的娱乐活动充分打开孩子的心灵与大脑，并有节奏地进行学习和思考，尤其是把《塔木德》中的许多格言演绎成问答式的逻辑思维训练，让孩子的大脑在不知不觉中学会思考，并且把唱歌、赞美和背诵熔于一炉，这样做不仅非常有趣，而且很有价值。因此，所谓的"犹太人问题"不仅是犹太人自己关注的问题，而且是全人类共同关注的问题，涉及人类的生死存亡、爱恨情仇、信仰救赎、自由平等与正义和平。而这一切都要通过独特的犹太式教育法来广泛传播，充分地激发每个人的创造的智慧、人性的智慧、和谐的智慧、实践的智慧和学习的智慧。

5.5 知识改变不了命运，智慧才能改变命运

20世纪80年代以前，中国社会上流行着这样一句话："知识改变命运。"但随着时代的变迁，笔者认为："知识已经不能改变命运了，只有智慧才能改变命运。"

那么，什么是智慧呢？笔者认为：

智慧＝知识＋能力（使用知识、发现知识、创造知识的能力）；
智慧＝理论＋实践；

智慧有三大范畴：

洞见、理性和谦恭。

智慧又分为四大阶段：

显而易见的显而易见领域，谓之信息；

显而易见的隐而未现领域，谓之理解；

隐而未现的显而易见领域，谓之智慧；

隐而未现的隐而未现领域，谓之恭敬。

根据犹太人的"黄金教育"理论，笔者又将智慧分为五种类型：

绿色智慧：创新的智慧；

黄色智慧：人性的智慧；

蓝色智慧：和谐的智慧；

红色智慧：实践的智慧；

白色智慧：学习的智慧。

所以，中国历史上第一所中以智慧结合的学校 ——呼和浩特WUTA 创新智慧学校把"智慧改变命运"写进校训，而且笔者专门为此写了一本书《智慧改变命运：如何把孩子培养成"世界公民"》（世界知识出版社，2016 年 11 月版）。该书有如下内容：

创新，困扰中国人数千年的命题；

创新，为何要学犹太人；

犹太民族创新精神的历史渊源；

创新思想与犹太人的商迹；

犹太人说：光会提出问题还不行；

如何把孩子培养成"世界公民"；

公民教育与成年礼；

犹太男孩的成年礼：契约与自由。

犹太人的精神圣地以色列虽然被《圣经》称为"流着奶和蜜的地方"，但实际上它的资源是非常匮乏的。以色列什么都没有，"只有阳光、沙漠和人的大脑"，但它依靠自己最大的资源，也就是教育和人才、科技和资金的优势，在中东战火冲突的环境中，一边打仗一边建设，一代人用 60 年的时间就实现了经济腾飞，从落后国家变成发达国家。以色列现在的人均 GDP 大概是 4 万美元，位居世界前 20 强。

以色列的伟大不仅在于为世界培养了群星璀璨的世界名人和伟人，还在于它在经历了两千年的流离失所和亡国以后，不仅能够重新复国，还能够复活古老的希伯来语，并有足够的时间来反思自己走过的路，特别是反思犹太民族的教训和经验。正因为犹太民族懂得反思自己的历史和文化，以色列才能够在短短的几十年时间里重新崛起，创造人类经济和高科技的奇迹，成为世界上著名的"创业的国度"和"智慧的国度"，并直面自己国家的一些危机和问题，从而少走很多弯路。而这一切，都和以色列重视人才、重视教育，并奉行"科教兴国"的国家战略是分不开的。

以色列对教育重视到什么程度呢？他们把实行全民教育渗透到日常生活当中。以色列的节假日非常多，全年大概有 1/3 的时间在放假，但它通过各种有纪念意义的节假日来传递自己的文化传统和文明智慧。无论是安息日、赎罪日，还是犹太新年、光明节、逾越节等，无不渗透着深深的历史文化感和忧患意识，让每个犹太人都居安思危，渴慕真理和智慧，过有节制的生活，并通过自己的创新思维挑战其不确定的未来。此外，在每年国庆节之前一周，以色列还会举行"大屠杀纪念日"和"英雄纪念日"活动。在这三个节日里，每次都有全国 1500 多个警笛同时拉响 1 ~ 2 分钟，给人的感觉非常震撼。全体人员都要肃立，连路上正在开的车也会马上停下来，人们从车里出来，在原地肃立，悼念自己的先人。这一仪式对每个孩子内心的影响是非常深刻的。

一位中国使馆的工作人员把孩子带到以色列上学，经过一段时间以后，他发现自己的小孩不是在上学，而是在那儿"玩"。然后他就打电话问老师："你们是怎么教我的孩子的，我的孩子现在的成绩如何？"以色列老师很客气地对他说："所有孩子的成绩我们都是保密的，不会告诉家长。您的孩子非常优秀，这就够了。"等这些工作人员和家属回国的时候，孩子问他："爸爸，我能留下来吗？"因为孩子觉得在以色列上学很快乐，他们特别喜欢这里的人文环境和寓教于乐的学习氛围。以色列人认为，孩子要是在学校不快乐，他怎么可能喜欢上学，并发挥他最大的潜能呢？

一位中国记者采访以色列前总统佩雷斯，问道："为什么犹太人这么优秀，连续创造奇迹？"佩雷斯想了想，回答说："因为我们有'摩西十诫'。"这十诫是什么内容呢？它有四条告诉人们要信仰上帝。另外六条实际上是对人的行为规范，就是告诉人不偷盗、不杀人、不奸淫，最后一条告诉人们不要贪恋别人的财物，这"十诫"就是犹太教教义的核心。以色列人信仰的实际上就是"敬天爱人"，一个人如果能遵守这些戒律，他一生就不会出现太大的问题。而一个国家如果能真正做到"敬天爱人"，就绝对不会胡作非为。

在犹太人的一生中，实际上最主要的就是在做三件事：一是做自己喜欢的事；二是多周游世界，实际上就是开阔自己的眼界，发展自己的个人兴趣和爱好，并享受生活；三是培养优秀的下一代，每个父母都要为孩子做出榜样。从生活的角度，犹太人总结出如下七条智慧：

第一条，保证令自己身体健康的物质基础。应该说犹太人是非常热爱生活的一个民族，他们对自己身体健康与心灵健康的重视，远远高于对吃、喝、玩、乐的重视。他们认为，健康是自己最大的本钱，没有健康的体魄，一切都是枉然。

第二条，感情影响一个人身体的好坏。犹太人非常重视情感与健康的关系，《塔木德》告诉他们，不要无度地娱乐，不要持久地悲伤，不要无节制地饮食吃喝，更不要心怀嫉妒和愤恨。《塔木德》说：吃三分之一，喝三分之一，在胃里要留下三分之一空间容纳你的感恩。

一个身体强壮的人，声音洪亮，步履矫健；如果他突然感到恶心，情绪就会迅速低落下来，身体站不直、表情失去正常，容貌也会失去光泽，他的力量也会减弱，灵性随即消失；他的脉搏会细弱，生命迹象会迅即衰落。相反，一个身体很弱、声音低沉、面色难看的人，面临巨大欢乐的时候，他会喜笑颜开，容貌舒展、容光焕发、精神振奋，灵性恢复，变得强大起来；而当一个人沉浸在极端的情绪不能自拔之前，医生什么也不能做，再好的医术和药品对他也无济于事。

《圣经》告诉人们：人活着不是单靠食物而生存，而是要靠上帝口中的话语。上帝的话语是人灵性的根基和精神力量，就是心灵的良药。正如《圣经》中所说："喜乐的心乃是良药，忧伤的灵使骨都枯干。"

第三条，人的生命高于一切。在犹太人眼里，一个人有两个生命，一是父母给的身体，二是上帝赋予的生命本质。父母给的身体有限，但上帝赋予的生命实质上既伟大又坚强。当身体健康与工作发生冲突之时，犹太人会毫不犹豫地放弃工作。犹太谚语说：生命是一个人最宝贵的财富，而金钱永远无法和生命相提并论。

假如有人向犹太人提问："你工作一小时可以赚取 50 美元，

如果你每天休息一小时，一天就少赚 50 美元，一年就会少赚 1.8 万美元，这值得吗？"犹太人的算术算得更快："假如每个人一天工作 8 小时不休息，每天就可赚取 400 美元，那我的寿命将会减少 5 年，按我年收入 12 万美元计算，5 年我将少赚 60 万美元。假如我每天休息 1 小时，除去每天 1 小时损失的 50 美元，我将得到 5 年零 7 个小时工作所赚的钱。现在我 60 岁，如果我按时休息可多活 10 年，但我只损失 15 万美元，损失 15 万美元和 60 万美元哪个损失多呢？"

第四条，爱惜大自然、亲近大自然。没有人能比犹太人更懂得人的使命。《圣经》中的耶和华造人是要让他们管理大自然，并在管理中享受大自然的恩赐。大自然是上帝为人所造，人必须亲近大自然才能保证上帝造人时赋予人类的灵性。

犹太人爱惜大自然就像爱惜自己的生命一样，他们从来不为了多赚钱而破坏大自然。据说，在以色列境内有一座不出名的山，山里名贵的大理石在世界上有着独一无二的品质，如果把大理石开采卖掉，整个以色列的国民经济将会大幅度提高，但从来没有人打算去开采和出售这些宝贵的资源。因为犹太人认为，人赚的钱很快就会挥霍掉，但上帝创造的资源不可再生，一旦遭到破坏就不再拥有。

犹太人为了保持生活环境的清洁和美丽，在远古时代就制定了很多禁止事项，并且得到彻底的遵守。例如，禁止任何人做对环境有害的事，就是国王不小心把垃圾扔到街上，仆人和随从也不得代劳打扫，必须由国王自己动手清理；在距离居住地 50 肘（1

肘＝0.44 千米）之内不得修建打谷场、坟地、制革厂和面粉厂等。
大自然遭到破坏，就很难再恢复到原来的状态。

第五条，适度饮酒如黄金。适度饮酒，是犹太人保持节制的
体现，是犹太人对神性与人性的解释。犹太人认为，酒是一种好
东西，但正因为是好东西就不能滥用。犹太谚语说：早晨的酒是
石头，中午的酒是毒药，晚上的酒是白银；一天喝三回是犯罪，
三天喝一回是黄金。

犹太人是世界上较早掌握酿酒技术的民族之一。他们坚持认
为酒是上帝的恩赐，犹太人之所以能够掌握酿酒技术，完全来自
上帝的启示。上帝允许人类适度饮酒，目的是保持人类的健康，
适度的饮酒能促进人的血液循环，并且能治病和促进睡眠。但犹
太人对饮酒又有着近乎苛刻的限制：酗酒就是犯罪，醉酒使人丑
陋，贪杯的人必然贪财好色，若不控制酗酒，就会"让妻子得饥饿，
让孩子得破烂，让贪官得选举"。酒能够增加黑暗和谎言，酒能够
让无辜的人流血，使人家庭破碎，事业破产。酒是好东西，但如
果不严格限制、不能合理使用，就会成为诅咒甚至惩罚。

第六条，明智的领袖选举。犹太人是人类历史上第一个对领袖
实行选举制的民族，早在《圣经·旧约》的摩西时代，犹太人就开
始懂得并且实行民主选举制度。耶稣曾经说过这样一个比喻：一个
瞎子，领着一群瞎子，全都掉进坑里，以此来比喻领袖的重要性。
正如一句名言所说："在一个瞎子的王国里，独眼龙便是国王。"

犹太人对领袖与领导者的素质关乎民族命运的感受是刻骨铭
心的，上帝借着摩西带领他们走出埃及，借着约书亚把他们带到

迦南美地，借着先知传达上帝的信息，使他们避免了衰亡，避免了民族的覆灭。因此，犹太人对领袖人物的选举，是非常认真并且严格的。

第七条，远见卓识的生活高度。有人说，犹太人看世界的眼光是俯视的，他们用上帝的眼光来看世界，看过去、现在和未来。犹太人从不迷信任何专家、权威的学说和当权者，对所有权威和当权者所说的话，从来都是以多方位思考的角度和分析怀疑的态度来对待。他们之所以这样，是因为犹太人认为，在所有当权者、专家和权威的头上，还有一个从来不会犯错误的上帝——这使得他们从不轻信任何人的理论学说，除非是上帝的旨意。

很显然，正是这些实用而有意义的生活智慧让犹太人的身体健康、思维活跃、善于理财和教育子女、拥有创新性思维，并洞悉生存的艰难、生活的奥秘和生命的价值，同时它的教育事业基业长青，生生不息，可持续发展，为人类文明的进步和发展做出不朽的贡献。

第六章　财商智慧

——犹太人为什么富过六代

学者常到富翁家走动，因为他们知道财富的价值；富翁却不经常到学者家走动，因为他们不知道知识的价值。

——犹太谚语

只有智慧才是决定事情成败的关键，智慧是夺不走的财富，智慧才是人们赚钱的原动力和源泉。

——[日]乌贺阳正弘

如果智慧比金钱重要的话，那么为什么学者与智者都要去奉承有钱人，而有钱人却从不奉承学者与智者呢？

——犹太笑话

教育的目的，就是把学校所学的东西全部忘掉所剩下的东西。

——爱因斯坦

6.1 犹太人为什么富过六代

在世界民族之林，犹太民族是非常独特的一支，他们不仅为人类贡献了无数的名人和伟人，先后获得了近 200 个诺贝尔奖，而且在美国《福布斯》杂志排行榜中最富有的富豪中有近一半是犹太人；以色列人均拥有高科技公司的数量和吸引外国风险投资的数量均位居世界第一，被全世界公认为"创业的国度"和"智慧的国度"。所以，犹太人又被誉为"世界第一商人"，而且罗斯柴尔德、古根海姆、沃伯格、奥本海默、维特根斯坦等许多古老的犹太家族被公认为"富过六代"，这究竟是为什么？中国有句古话说"富不过三代"，为什么犹太人可以富过六代？

中文畅销书《特别狠心特别爱》的作者莎拉是一名犹太人，她于 1992 年带着在上海出生的 3 个孩子移居以色列，历尽艰辛地把孩子培养成百万富翁。她在一篇文章中写道："犹太人用敲击金币的声音迎接孩子的出世：赚钱是他们人生的终极目标，至于教育和学习，都是为了达到这个目标必须经历的过程。"虽然她的书和演讲受到许多中国家长的追捧，但是，她的这一观点遭到了许多犹太人的反对。特拉维夫大学终身教授张平先生撰文指出："莎拉的文章不仅跟真正的犹太教育相差甚远，而且所传播的唯利是图的教育观念，在任何犹太主流传统中，都是违背道德的。"通过许多犹太家族的发迹史可以证明，犹太人真正的财富价值观是：

"发了财并没有成功，真正的成功是拥有知识和智慧，文化和智力的寿命比金钱更长"。正如爱因斯坦所说："为知识而追求知识，几乎狂热地酷爱正义，以及要求个人独立的愿望——这些都是犹太人传统的特征，并使我为自己属于它而感到庆幸。"

2015 年，美国 Facebook 的创始人马克·扎克伯格在女儿出生后，宣布捐出自己公司 99% 的股份（市场价约 450 亿美元），并给女儿写了一封信，他在信中说："我们希望你们这一代关注两个概念：推进人类潜能和促进平等。"有一位中国记者曾到以色列的一所中学考察，收到以色列孩子送给她的一张小卡片，卡片上写着爱因斯坦的一句话："教育的目的，必须是培养学生独立行动和思考的能力，同时让他们将对社会的服务视为人生的最高成就。"可见，犹太人的真正理想是"修复这个残缺而不完美的世界"，赚钱对于犹太人来说只是一个过程，而不是他们生命的终极目标，正如犹太哲学家摩迪凯·开普兰所说："犹太教的全部理想和全部目标是致力于改变这个世界，或者更确切地说，是致力于教导这个世界。毋庸置疑，这个任务来自对上帝的信仰和对人的信仰。"

犹太教育和中国教育究竟有什么不同呢？可以简单概括为如下三条：第一，中国孩子不太爱提问题，而犹太人最喜欢质疑和挑战权威；第二，中国人喜欢"碎片化"思维和感性思维，犹太人喜欢理性思维和"整体性"思维；第三，犹太人喜欢讲"大道理"，并讨论人生的终极价值，而中国人更"务实"，更喜欢"小聪明"和追求急功近利，认为讲大道理"太虚"，不靠谱。

2013年年初，中国教育考察团的16名成员考察了以色列的一家幼儿园，一进园，以色列老师就对小朋友们说："这些客人都是从中国来的，你们有什么问题要问吗？"有一个孩子很快就举起手问："你们是怎么来到这里的？"考察团的成员回答："乘飞机来的。"老师又问："还有什么问题吗？"又有一个犹太孩子举手问道："我想知道他们是怎么来的？"考察团的成员又回答："我们是坐飞机来的。"虽然犹太小朋友提了重复的问题，但以色列老师的脸上没有显出一丝不耐烦，因为犹太教育主张孩子提问，问号代表一切。正如犹太谚语说："提出一个有价值的问题，比得到一个正确的答案更重要。"

以色列幼儿园的玩具非常"破烂"。中国教育考察团又参观了以色列的基布兹里的两所幼儿园，同样都是非常朴素的平房，孩子的玩具有不少是旧铁锅、旧电脑的键盘、旧录音机，以及旧玩具火车等，而且随意放在沙坑里。教室里还有很多大自然中的松果、枯草和干叶子等，这些都是孩子们制作手工艺术品的素材。有意思的是，几乎每所幼儿园都有沙坑，而且滑梯等游乐设施旁边的地上都不铺塑胶，全部都是天然的沙石地面。难道是以色列的幼儿园没钱给孩子买高档玩具并建造高级设施吗？原来之所以如此，是因为犹太人认为，只有让孩子从小接触真实的世界，长大后他们才能具有创造性思维。有一所幼儿园在游戏区摆了一架破钢琴，老师说，这钢琴可以让孩子随意拆装和摸索，从而让他们琢磨并熟悉钢琴的构造。创造力，就是要解决真实世界的问题，给孩子最好的玩具和最好的学校硬件设施，并非是最好的教育。

　　2015 年，92 岁的以色列前总统佩雷斯会见中国企业家代表团时说："我们以色列土地太少，也缺乏水资源，但我们发现以色列唯一的资源，就是人的大脑和梦想。因而，不要害怕做梦，永远要有一颗不自满的心；当你什么都没有的时候，你才会创新。"的确，以色列人仅用短短几十年的时间，就在贫瘠的土地上创造了沙漠温室大棚、节水滴灌技术、农产品出口等奇迹。他们在那么艰难的条件下为什么选择农业？当然是为了生存。

　　水源不足是导致中东混乱的重要因素之一。中国教育考察团也去以色列南部与埃及毗邻的基布兹访问过，感受到了以色列沙漠治理的成果，他们用高科技淡化海水来解决水资源的匮乏问题。令人纳闷的是，以色列还把昂贵的淡化水输送到埃及。埃及曾经是以色列的敌人，在以色列刚建国时，埃及曾向它宣战。然而，基布兹的负责人却说："敌人有了水，就不会再进攻我们了；而且水技术是由我们来提供的，他们又何必再与我们为敌呢？"正如《塔木德》中所言："谁是最强大的人？就是能够化敌为友的人。"可见，以色列的精神就是"悬崖边上的挣扎"和"把不可能变成可能"，犹太智慧的精髓就是"无中生有"和创造奇迹。正是这种犹太传统，让每个犹太人从小就有"居安思危"的意识，使他们不安于现状，愿意挑战自我和未来不确定的世界。所以，犹太家族"富过六代"是非常正常的事情。

　　当然，犹太人也非常重视孩子的"财商教育"。他们认为："过去，财富可以通过节俭和储蓄获得；现在，若想让孩子真正富足，父母必须为孩子做出典范。"因此，犹太父母从小就培养孩子拥有正确的金钱观和财富观，从而让他们获得心灵的满足。要通过"正确的价值观"来对抗童年"富裕病"的蔓延，少给下一代留下遗产只是消极的做法，唯有正确的"财商教育"才可能让家族"富过六代"。"财商教育"并非简单的"理财教育"，而是要帮助孩子建立一整套面对物质生活的人生观、世界观和价值观，其深度与广度远高于只是教孩子如何存钱和赚钱，而是让孩子从小学会认识财富、理解财富、使用财富、管理财富和创造财富。正如一句中国谚语所说："虽然金钱不是万能的，但没有钱是万万不能的。"因此，犹太人的金钱教育观或许能够给我们带来一些启示。

德国汉堡大学一位心理学教授提出，现代父母应该教育孩子三大财富能力：正确运用金钱的能力、处理物质欲望的能力、了解匮乏与金钱极限的能力。这些能力背后最重要的价值观就是：为自己负责和自主解决问题。从小培养孩子这三大财富能力，才是留给他们最有价值的财产。

1. 学会管理金钱：不懂支配就等于透支

埃里卡从小学六年级开始，每到农历年后，就会从爸妈那里领到几千元压岁钱，这将是她一整年的零花钱，除了要换季采购衣服和买价格昂贵的笔记本电脑以外，还要购买文具，并购买朋友和亲人的生日礼物、圣诞礼物，甚至给弟弟零用钱都要从自己的压岁钱开支，用完了就没有了。

"如果没有好好支配我的零用钱，钱很快就会被用光。"埃里卡说，她从中学习和累积一套面对物质欲望的原则，她对弟弟有"三不"要求："玩具不买、已经有的不买、以后用不到的不买"；对自己也设立了同样的标准。

让孩子学习用一整年的眼光来规划自己的零花钱，是 Erica 妈妈自己的主张。因为她认为，及早对孩子进行零用钱使用的训练，是对抗"富裕病"的最有效办法之一。

第一项能力的训练，可以从孩子三四岁就开始，让孩子自己管理一点零用钱，让他认识钱的多少与物质的关系。许多孩子轻易拥有昂贵的玩具、衣物，却不知道每一分钱都来之不易和其背后付出的代价，这容易使孩子变成好吃懒做的"富二代"。

2. 处理欲望：感受延迟享受的满足

大人应该帮助孩子学习处理欲望，感受延迟享受的满足，从而获得更大的快乐。在有限的条件下，不妨让孩子顺着自己的欲望乱买东西，让他学会承受没有节制的后果。

孩子有时克制不住自己的欲望，要买垃圾玩具，但转眼就会后悔，也没有钱再买其他想要的东西了。这是他的决定，他必须自己承担后果。作为父母，不可以去替孩子做善后工作，或因心软而资助他。

父母要带领全家对每个人喜欢的物品都等久一点再购买，晚一点享受，一起感受"欲望延迟"的满足，从而得到更大的快乐。

3. 判断价值：家人和朋友是无价的财富

让孩子了解金钱能够做什么，是"财商教育"的一部分。更重要的是，孩子应该了解金钱的局限性。

在接触金钱之初，孩子有时会非常天真地给所有东西"标价"，这时正好可以告诉孩子，有些东西是无法用金钱来衡量的。比如，爸爸周末如果去工作，可能会赚很多钱，但爸爸爱孩子，我们的假期因爸爸的参与而变得更加快乐，家人在一起的幸福时光比金钱更重要。通过类似的方式，让孩子逐步体会到，金钱不是唯一的目标或标准。孩子接触的价值观越多元，金钱就越不会成为唯一重要的标准。

以色列许多富裕家庭特别强调让孩子从小参加各种社会公益活动，并成为一些慈善组织的志愿者，或通过旅游来认识自己生活圈以外的精彩世界；通过与其他阶层孩子的交往来开阔视野，并从为他人的服务当中，寻找生活的意义。以色列的安息日就仿佛一个"非消费日"，让每一个犹太人习惯不消费也能得到快乐，这也是通过"匮乏"进行的"财商教育"。

除了致力于对子女进行的"财商教育"以外，犹太人还充分运用他们最擅长的"契约"理论，用信托来管理遗产，以信托方式照顾自己的亲人和族人。信托是犹太人的"大算盘"，通过信托详尽的规范，越优秀的子女，越可以得到更多的资源。例如，家族后代可以进入大学，也可以领到若干资金，或者娶妻生子和创业。反之，败家子就拿不到钱，因此一份庞大的家产，很难被一个不肖子孙所消耗散尽，从而可以留给以后更有出息的子孙来使用和继承。

一般情况下，犹太家庭的"财商教育"时间安排如下所示。

3 岁：父母开始教他们辨认硬币和纸币。

4 岁：孩子要学会简单的计算。

5 岁：让他们知道钱币可以购买的东西，以及钱是怎样来的。

7 岁：看懂商品价格的标签，培养"钱能换物"的观念。

8 岁：教他们自己去打工赚钱，把钱储存在银行里。

9 岁：孩子要能制订一周的支出计划，购物时要知道比较价格。

10 岁：懂得每周省下一点零用钱，以备大笔开支之需。

12 岁：看穿广告包装的假象，制订并执行 2 周以上的开销计划，懂得正确使用银行业务的术语。

孩子最初无法了解金钱的意义与价值，但已对个人的需要有所认知。因此，一般犹太父母会在孩子开始向父母要东西的时候，就试着向孩子解释他们所需要的东西乃是要用金钱去购买的，但赚钱是非常辛苦的。如果父母不做解释，孩子必定会认为，"任何东西只要向父母索要，就一定会得到满足"。如果每一个父母都有求必应，孩子将来势必挥霍无度。正确的金钱观和价值观，会陪伴孩子的一生；教会孩子合理理财，会让孩子受益终身。

拉菲尔是来自以色列的一位创业者，他曾在深圳做了一场关于"我从犹太家庭教育中学到了什么"的精彩演讲。来中国 5 年的拉菲尔用流利的汉语与大家分享了他从出生到现在的经历，开场朗诵了一首诗，名为《未选择的路》。紧接着，他介绍了以色列以及周边中东国家的基本情况，他的希伯来语名字叫 Raphael，来到中国后渐渐地被人读成了拉菲尔。他觉得生活就是 3L+L（Living、Laughing、Loving and Learning），要做到不怕失败、不怕丢脸、不怕痛苦，在工作上很认真，在生活上像个孩子一样。

关于拉菲尔的创业启发：冲突——选择——改变，从他的经历可以看出他也是遵循这个规律，从以色列到伦敦，从伦敦到上海、深圳，都是由一些冲突而进行了选择，然后再去改变调整，他的生活不完全是工作，而在于他从生活中找到了自己的平衡点，深圳就是他寻找平衡点的最好一座城市——年轻的移民城市，对于每个创业者来说都充满了机会。拉菲尔认为，创业对于犹太人来说，就意味着 1+3，这个"1"就是安全感，"3"就是成长 + 自我实现 + 没有遗憾。

他认为，犹太人的教育内容主要有：①尝试失败而不是放弃尝试；②两个犹太人有三种观点；③以解决问题为出发点；④为了生存。最后，拉菲尔引用了他成功的三个关键词与大家共勉：勇气、耐心和坚持。

拉菲尔的父亲和弟弟也来到了现场，他的父亲也做了简单分享。拉菲尔绘声绘色的演讲结束后，现场进入了提问环节。现场嘉宾举手提问，此起彼伏，大家对以色列的教育最感兴趣，然后是农业和医疗方面，拉菲尔以及其父亲，还有迦南美地的心兰女士分别以亲历者、经历者的视角和身份对大家关心的问题一一作答。拉菲尔也和大家谈起了他父母在他上学时对他的要求：较少关注分数，只要学得明白，做个有思想的人。

通过拉菲尔的经历我们可以感受到，犹太人为什么可以"富过六代"。这很可能和那句犹太谚语有关："究竟是头脑驾驭财富，还是财富驾驭头脑？"因为每个人一生最重要的就是三件事：思维、表达和行为。如果一个人成为一个有思想的人，就不可能被财富和欲望所驾驭，成为财富的奴隶，而是驾驭财富，成为财富的主人。所谓的"聪明人"，就是自己给自己挖一个坑，掉下去了又能想方设法爬出来的人；"傻瓜"就是自己给自己挖一个坑，掉下去了自己爬不上来的人；而"智者"则压根儿就不会掉下去。

6.2 犹太人如何改变家族的命运

犹太民族是一个坚强而伟大的民族。尽管受到许多磨难，但他们仍然没有忘记传承本民族的文化传统，也没有忘记吸收其他民族的文化精髓。犹太父母从孩子很小的时候就开始启发他们追求知识，崇尚真理和智慧；培养孩子独立自主的意识和大胆开拓创新的精神；让孩子理性地认识金钱，激发他们追求财富的能力；培养他们勤俭节约的品格和灵活处世的价值观；教育孩子善待别人，学会与人和睦相处的能力；提升他们认识自己的思想水平和挑战逆境的勇气……正是这些理念，让每一个犹太人都变得与众不同，让富裕的犹太家族的财富得以传承，让普通的犹太家族通过每个家庭成员的努力来改变家族的命运。

智慧除了来自遗传因素之外，有时更来自一种好的学习习惯和生活习惯。还有什么比读书更能增长人的知识，引发人的思考，提升人的智慧呢？每一个犹太人在小时候都要回答母亲这样一个问题："假如有一天你的房子被烧毁，你将带着什么东西逃跑呢？"如果孩子回答的是"钱"或"财物"，母亲将进一步追问："有一种财富没有形状，也没有颜色和气味，你知道是什么东西吗？"如果孩子回答不上来，母亲就会告诉他："宝贝，你唯一能带走的财富不是金钱，而是大脑中的知识和智慧，因为智慧是任何人都抢不走的财富，只要你活着，智慧就会永远伴随着你，而且随着你年龄的增长而不断增值。"犹太父母正是通过这个世代相传的问题，来引导孩子从小形成正确的人生观、价值观和世界观。一旦人的追求方向是正确的，总有一天会获得成功。

犹太人中还流传着这样一句谚语："不做背着很多书本的驴子。"他们把仅有死知识而没有才能的人比喻为"背着很多书本的驴"。犹太人认为，一般的学习只是一种模仿，而没有任何创新，学习应该以思考为基础，思考是由怀疑和答案组成的；学习就是不断提问，经常怀疑的过程。怀疑是通向智慧的大门，知道得越多，怀疑得就会越多，而问题也会随之增加，所以提问使人进步。正是基于这种观念，犹太父母特别注重与孩子的思想交流，这种交流不仅可以加深亲子之间的关系，还可以训练孩子的口才和思维能力。在潜移默化之中，犹太父母就把传统而经典的犹太价值观传递给孩子。

犹太人从小就有背诵经典的习惯，他们不仅仅是让孩子机械地背诵，还要通过讨论来让孩子理解经典的内容。犹太人认为，大量的背诵是培养孩子良好记忆力的途径。如果不能让孩子有一个良好的记忆力，今后在学习过程中就会遇到困难。《妥拉》和《塔木德》是每一个犹太人一生必修的东西。同时，犹太人还用一种特殊的方法来诵读经文：除了抑扬顿挫地朗读以外，还要按一定的节律左右摇摆。他们一边用手按着经书，一边动用所有能想到的身体器官，按照经文的意思，将自己完全投入进去。犹太人认为，同时使用看、读、听、说、动来进行学习，要比一般的单纯默读式的学习方法效率高好几倍。每一个犹太人会将这种"五感立体式"的学习习惯保持一生，犹太人是在《圣经》故事的陪伴下长大的。历史和文化深深地浸透在他们的血液当中，让每一个犹太人都成为一个有思想和有智慧的人。

由于历史上的犹太人不断遭受迫害——财产被掠夺，房屋被烧毁，人民遭驱逐屠杀，从而使追求知识、增长智慧和"居安思危"变成了犹太人的一种防卫机制。他们一心追求知识，并以不同寻常的方式运用知识来谋生的特点世代相传。

在2000多年的流亡生涯中，犹太人屡遭迫害。为了生存，他们只能从事一些类似于高利贷等的边缘行业。这些行业的共同特点是：因为没有垄断权而极富竞争性，需要一颗精明的头脑，读写和计算能力就显得非常重要。因此，犹太父母非常愿意向孩子的教育投资，从而提升其读写和计算能力，以及运用理性解决问题的能力。

　　这一投资策略不同于传统农业社会的主流策略：提升家族地位最好的长期投资与积累，主要集中于土地、上层姻亲关系、社会地位和政治权力。因为犹太人没有这样的机会，只能集中于投资人力资本，而且在随时面临被没收和驱逐风险的情况下，投资人力资本也是最安全的。因此，西方学术界普遍认为，犹太人的智力优势是近一千多年中犹太民族在严酷的选择压力之下进化产生的结果。

　　作为宗教中的少数派，流散的犹太人若要维持自己的宗教和文化传统，保持其身份的独特性，就需要花费大量的精力进行阅读，并向下一代教授宗教经典。极端正统教派的哈西德犹太教徒手持《妥拉》经卷在庆典中跳舞，他们不做任何工作，以研习犹太教经典为毕生职业。而对于从事精细手工业、商业、金融和管理类职业的犹太家庭，由读经而获得的读写能力可以带来额外的回报。

　　在以色列，很多犹太家族的财富都是世代传承的，其传承的不仅仅是金钱，更是一种生存的技能和思维传统，一种对自我人生负责、对社会负责的精神。按照上海犹太人莎拉在畅销书《特别狠心特别爱》一书中的观点，犹太财富传承的价值观共有三大内涵：

1. 生存教育是犹太教育的首要问题

　　"有偿生活机制"是犹太生存教育的精华，它取得了很好的实际效果，不仅使犹太子孙精明富有，而且使他们即便漂泊于世界的任何角落，都能如鱼得水地开展他们的事业。在犹太父母看来，学校开展的各种各样的艺术教育和技能教育，包括音乐、舞蹈、美术、网球等运动，都是孩子成长中必需的养分，但这些教育并不能给孩子提供一个生活经验的训练场。因此，生存教育是犹太教育的首要问题。

犹太父母认为，学业优异的孩子的人生未必成功，也并不意味着他能够在未来的生活中顺畅地实现个人价值和社会价值。以色列的《家庭教育》杂志曾做过一项调查：爱干家务的孩子与不爱干家务的孩子相比，长大后的失业率为 1：15，前者比后者的平均收入要高出 20% 左右。从小懂得劳动伦理学的孩子，在对生活不断体验的基础上，能够找到自己一生的方向，日后更容易事业有成。

2. "延迟享受"和"适当不满足"

人类欲望的满足，可以分为几种：延迟享受、适当不满足、超前消费、即时满足等。好的教育总是提倡"延迟享受"和"适当不满足"，"超前消费"是愚蠢的行为，"超量满足"则是浪费之举动。

以色列家长常跟孩子沟通对话，听孩子谈他们对"延迟享受"的理解，他们告诉孩子：如果你喜欢玩，就必须去赚取自由时间，但这需要你获得良好的学校教育和优秀的学业成绩。此后，你可以找到很好的工作，赚到钱。等赚到钱以后，你就可以玩更长的时间，玩更昂贵的玩具了。但是，如果你搞错了顺序，整个系统就不会正常工作，那你就只能玩很短的时间，最后只能拥有一些最终会坏掉的便宜玩具，然后一辈子就不得不更努力地工作，没有玩具，没有快乐。

著名犹太教育家弥赛亚提出："在家教方面，教育孩子什么事是不能做的非常重要。""延迟享受"能让孩子学会忍耐，让他知道这个世界不是为他一个人而准备的，他所要的东西并不能唾手可得。

"延迟享受"增强了孩子被拒绝的心理承受能力，培养了他们对成功至关重要的逆商。"延迟享受"还能磨炼孩子对人生的期许，从而使他们的意志变得更坚定，在学习方面也会变得更有耐心。

3. 学会放手，从小培养孩子的自立精神

犹太思想家朱特比有这样一句名言："让孩子自己的事自己解决，如果父母过分地呵护孩子，反而会使孩子失去自信心，这样的孩子长大以后绝对没有独立的人格，更不可能有出色的成就。"犹太名人马克思也曾说过："人要学会走路，也要学会摔跤，而且只有经过摔跤，他才可能学会走路。"

让家长放手为什么这么难？因为当新生儿呱呱落地的时候，他与母亲脐带相连、血脉相通，这就使放手成为"剪不断，理还乱"的难题。犹太家教法告诫父母：这个世界上所有的爱都以聚合为最终目的，只有一种爱是以分离为目的的，那就是父母对孩子的爱。

父母真正成功的爱，就是让孩子尽早作为一个独立的个体从自己的生命中分离出去，用自己独立的人格，面对未知的世界。

撤退得越早，放手越早，孩子就越容易适应自己的未来。

在犹太父母看来，不肯撤退、不肯放手，把孩子培养成"超龄婴儿"，"播下的是龙种，收获的是跳蚤"，是父母对一个美好生命的辜负，是父母教育的失败。真正为子女幸福着想的父母，要有超越世俗成见的慧眼，自己要向后退一步，为孩子多创造让他们挺身而出、探索外界信息的机会，而不是冲锋在前，一手包办，挡住孩子展望未来的视线。

不做包办的管家，做一个参谋、观察、提醒的军师是犹太家长对自己父母角色的定位。父母退居二线，鼓励孩子挺身而出，寻找兴趣和愿景，寻找自己的人生坐标并付诸实践。以自己的速度朝着平凡却不平庸的人生理想前行，尽管一开始飞得慢，却能续航到终点。

"特别狠心特别爱"，是以让孩子长大后生活得更好为出发点，从而锻炼孩子适应未来的技能和素质，让孩子自然地成长、自由地发展，拥有自主意识和自立能力，未来成为一个具有自律精神的人。它是藏起一半爱，不是丢失一半爱，它是爱得更理性、更科学、更艺术，而非溺爱孩子，并使爱变得越来越沉重，越来越迷茫。实施"特别狠心特别爱"的犹太家教法，强调爱与教的结合，爱和教都要适度，这不仅没有割断父母与儿女之间的血脉情缘，反而会增强家庭的凝聚力和孩子的安全感。因为爱是有艺术的，也是有界限的。溺爱是毁灭孩子未来的最快途径，也是父母给孩子最可怕的"礼物"。

在今天这个野蛮的物质时代，我们是否也应该学学犹太人的苦难教育、自立教育和财富传承智慧，使我们整个中华民族站在一个新的起点上呢？

6.3 光有金钱没有智慧，会造成灾难

2017年年初的时候，网络上流传了一篇文章，名叫《钱是你自己的，但资源是全社会的》：

我们在德国考察，点了一桌子菜，吃剩下了三分之一，一群人刚要走出餐馆，便听到餐馆里有人在叫我们，不知是怎么回事：难道是谁的东西落下了？大家都很好奇，回头一看，许多人都围上来了，一位老太太用英文对我们说："你们剩的菜太多，太浪费了。"大家觉得非常好笑，老太太纯属多管闲事！"我们自己花钱吃饭买单，剩多少，关你老太太屁事？"同事阿桂站出来，想和老太太练练口语。听到阿桂这样说，老太太更生气了，立马掏出手机，拨打着电话。不一会儿，一个穿制服的人开车来了，称自己是社会保障机构的工作人员。问完情况后，这位工作人员居然拿出罚单，开出50欧元的罚款。这下我们都不吭声了。阿桂的脸不知道扭到哪里去了，也不敢再练口语了。驻地的同事只好拿出50欧元，并一再表示歉意："对不起！"这位工作人员收下钱，郑重地对我们说："需要吃多少，就点多少！钱是你自己的，但资源

是全社会的，世界上还有很多人吃不饱饭，你们不能够也没有理由浪费！"我们的脸都红了，但我们在心里都认同这句话。

在一个很富有的国家里，大多数人都有着这种"节约意识"。我们应该好好地反思：中国是个资源不很丰富的国家，而且人口众多，平时请客吃饭，浪费得非常多，主人怕客人吃不好丢面子，担心被客人看成小气鬼，就点很多菜：反正都有剩，你不会怪我小气吧？

事实上，我们真的需要改变自己的一些生活陋习了，并且还要树立"大社会"的意识，再也不能"穷大方"了。那天，驻地的同事把罚单复印后，给大家每人一张做纪念，我们都愿意接受并打算保存着。阿桂说，回去后，他会再复印一些送给别人，自己的一张就贴在家里的餐厅。离吃光的标准还差多少啊？食物一旦为你煮熟上桌，你不吃完就成了泔水，就无法再给其他需要的人吃了。

我们真有吃不完的食物吗？"钱是你自己的，但资源是全社会的。"这才是真正的公民意识，是一个和谐社会的最基本的道德底线。

古希腊哲学家苏格拉底说："不经过审视的生活是不值得过的。"而犹太人则认为："不经过节制的生活也是不值得过的。"美翁·艾萨克森是以色列国家文艺局长、以色列柑橘大亨，也是以色列巴尔－伊兰大学校董和以色列著名的作家和诗人，曾获得以色列最高诗歌奖布伦纳奖和总统诗歌奖。2014年，由笔者贺雄飞教授为其在中国出版了第一本书《一个犹太少年的烦恼》，并受邀参加了 2014 年首届 "CECU- 鄂尔多斯论坛"，笔者发表了《光有金钱没有智慧，会造成灾难》的演讲，以告诫中国的读者：

我第一次来到美丽的东胜，听说东胜有 60 万人口——这在以色列是个重要的数字。在 1948 年以色列建国的时候，人口也就是 60 万，而现在以色列已经拥有 800 多万人口了。以色列的耶路撒冷与东胜一样，是个美丽的沙漠城市，以色列拥有来自世界各地有各种文化背景和习俗的人民，他们在沙漠中看到了曙光和希望，从而建设了美丽的城市。

我来这座城市的感受，不光是类似于在沙漠里看到了曙光，我更尊重每个人独特的意见和想法。我认为，人生最重要的就是家庭，在一个家庭里，妻子、孩子和丈夫的关系是最重要的。父母常常惦记孩子，照顾孩子。但我们的孩子却不会按照我们的主张去生活，他们有自己独立的想法。同时，孩子渐渐地长大，我们渐渐地老去。孩子反过来照顾我们。有时候，孩子跟我们很像，有我们遗传的特征，但长大了，行为跟我们却不一样。在我写的《一个犹太少年的烦恼》这本书中，主人公是一个小男孩，他常给老师写信，表达他的所思所想，通过这种方式与人分享。在他的想法里，不关心经济和金钱，他思考的是人生的意义是什么，真理是什么，他要追随真理和智慧。因为回顾人类的历史，光有金钱没有智慧会造成灾难，追求没有价值的东西毫无意义。

对于一个诗人来说，谦卑是必备的素质。诗人要尊重读者，才会有好的表达方式。作为诗人要有聪慧的头脑，留心笑声里的真实意愿和真正的内心。

诗人的责任是促使世界和平，让人认识到和平的美好，诗人对世界的态度应该是积极的。

世界存在不美好的事，诗歌只能表达人的内心与未来的冲突，不能只描绘美好的一面，还有战争、死亡、饥饿、痛苦、受难的一面，但诗歌要把人们带向希望，带向美好。

有一个有趣的现象，诗人在自己的家里有两种可能性：接受与不接受。我的祖母像对待一个真正的诗人一样对待我；对女儿她会说，父亲是一个诗人吗？开家长会的时候，女儿会告诫我，不要说奇怪的事情。有一次，电台邀请我朗诵诗歌，与一位歌星同台出现，女儿问我："与歌星同台出现，你是认真的吗？"更多时候，在社团当中，诗人不被接受，大环境中却更容易被接受，我会用希伯来语朗诵诗歌。

在以色列，人的生命是至高无上的。一个人的生命有了危险，我们会不惜一切代价去挽救他，而不是轻易地放弃，这是我们国家的责任。也许有人会说，这个人要死了，就不要浪费时间了，应该把时间花在有希望的人身上，但这在以色列是不可能发生的。

或许，这座美丽的城市可以通过教育来改变人们的所思所想。如果有人问我如何振兴一个城市的经济，我建议，如果想让城市灿烂下去，不要聚焦在经济上面，关注下一代才是最好的转折点。

在以色列，有不少中国人，他们与以色列人在一个国度里和平共处，互相帮助，互相学习。我非常感谢我的助理、我的儿子一路陪伴。感谢大家，也感谢我的翻译吴小莉小姐。

也就是说，对于犹太人来说，不仅要"过有节制的生活"，更要过谦卑而又有诗意的生活；他们不仅追求金钱和财富，更注重人的精神世界，关注孩子的心灵成长；他们不仅对民族的未来充满信心，更关注孩子的品格和道德行为；他们不仅追求知识，更渴慕真理和智慧；他们不仅追求圣洁的生活，更愿意在上帝面前使自己真正地谦卑下来；他们不仅爱自己的同胞，更愿意为世界和平和人类的文明祈祷。

对于犹太人来说，当他们认为无论怎么祈祷也不见效果时，就会更加虔诚地祈祷。犹太拉比说："金银被加热就会熔化。如果你祈祷以后也觉得自己没有进步，那么你就是用廉价的金属做的，要不然就是祈祷不够热忱，因为上帝造人都是用贵重金银所造。"许多人因为不够努力和没有耐心而时常退缩，结果造成最终的失败。"天堂之门对祈祷是关闭着的，但对眼泪却是打开的"，"生病的人为病人祈祷，祈祷的力量就会倍增"。

对于犹太人来说，追求幸福，就得远离诱惑。如何衡量幸福呢？其一是以"获得"来计算，另外就是以"失去"去计算。比如，健康与生病的关系，到了失去健康的时候才期望能恢复健康。幸福也是一样，在幸福的时候感觉不到，一旦失去它时，才会体会到那种痛苦，才会说"我曾经是幸福的"。

犹太人认为，诚恳与谦虚是最高的智慧。犹太拉比认为，所谓"谦虚，就是不主张自己，而尽量接受对方的所想、所说和所要做的事情"。人一绊倒就立刻怪石头，没有石头就怪陡坡，没有陡坡就怪脚上的鞋，人总是很难怪自己，怪自己是一件难事。只有坦率地承认自己的过错，互相礼让，才有望创造更美好的社会，过于谦逊等于傲慢。

世界有三种王：统治土地的王、统治人类的王、统治自己的王。爱人类是简单的事情，但"爱人如己"很困难。

耕耘心比耕耘头脑更尊贵，与"行正事比学正事更好"是同样的道理。纵然读破万卷书，懂得许多事，如不去耕耘自己的心灵，那就仅止于"知道"而已，而非"行道"。

人有喜、怒、哀、乐四种情绪，不可过于强调任何一面，犹太人讨厌狂热的人。即便是为了真理和正义，一个人做事过于盲目偏激，犹太人也认为是不幸而且不符合人性的人。任何人都有某些地方不尽如人意，任何人都想在镜子中看到自己最喜欢的样子，一如每个人的面貌不同，每个人心里的秘密也不同。

犹太人的眼神虽有时看起来显得悲哀却异常明朗，因为他们深知上帝垂青于开朗的人，乐观不仅使自己，也使别人更明朗。悲观是羊肠小径，乐观是宽广大道，乐观建立在宽容和接纳上。犹太人之所以能够不屈服于任何严酷的迫害，就是因为他们拥有乐观的心态。若不好好享受上帝为我们创造的世界，我们就会让上帝很失望。

《塔木德》和《圣经》一样，都强调"恨罪不恨罪人"，告诫我们可以憎恨人所犯的罪，但那个犯了罪的人，日后可能会改变，所以无法憎恨那个人。《圣经》里充满着对人只要肯努力就可以向上的信赖和乐观。每日都会发生新鲜事，这是上帝赠送给人类的礼物，人也会每日重生，所以不可对"罪人"灰心丧气。

《塔木德》规定，犹太人即使死了至亲骨肉也不可以悲伤一个月以上，因为犹太人的神喜爱明朗、快乐和欢笑。不可一直忏悔罪过，因为悔恨将使人陷入忧虑状态，无法侍奉神。要在内心深刻反省，不再重犯过错，然后以愉悦之情去侍奉神。不可尽哭着过一生，也不可尽笑着过一生。

与悔恨已做过的事相比，想做却未做的事更令人懊悔。犹太人认为："失败是有限的，而未做的事情是无限的。"自己做错事而导致的失败可以成为宝贵的经验，失败也可以说是成功的肥料。失败是成功的一面镜子，但"未做"就等于把成功的可能性也抛弃了。极度惧怕失败，比失败本身更可怕。不可过于后悔，因为这样将损害做事的勇气和胆识。

热衷于寻找自己缺点的人看不出别人的缺点，热衷于寻找别人缺点的人看不出自己的缺点。《塔木德》中说："世界上最不幸的人是自我意识过高的人。"这种人就是以自我为世界的中心，要么是失去信心的人，要么是自信心过强的人。有人被称为"老实人"，其实只是因为他没有偷窃的机会；你向人报仇以后，不会舒服，可是你宽恕人以后就会很舒服。

智慧的第一境界是由一个人的经验和直觉形成的，笔者称之为"洞见"；智慧的第二境界是一个人的理性思维和逻辑的力量；智慧的第三境界，笔者称之为"谦恭"——谦卑和恭敬，对上帝的谦卑和对人的恭敬，体现了一个人内在的道德力量。一个没有道德的人，终究是一个没有智慧的人。正如德国伟大的哲学家康

德所言："头上的星空和心中的道德是永恒的。"所以说，无论是
对于一个家庭还是民族，光有金钱没有智慧，就会造成灾难。

6.4 犹太人的精神堡垒

犹太人把家庭教育看得高于一切，孩子出生第八天，拉比就
要对孩子进行"割礼"，然后告诉孩子的父母："这个孩子是你们
夫妻双方的共同作品，不光要养大他，更重要的是要培养他和教
育他，孩子才是你们真正的产业。"犹太人把教育孩子看得重于一
切，其教育有三大要素：理念、内容和方法。

首先，犹太人认为"赚钱应从娃娃抓起"，从小帮助孩子树立
正确的金钱观和价值观。

犹太母亲莎拉在家里确立了有偿生活的机制，她告诉孩子，
家里的任何东西都不能无偿使用，包括自己给孩子提供的"餐饮
服务"。孩子在家吃一顿饭，都需要支付给母亲若干费用；母亲给
孩子洗一次衣服，孩子也需要向母亲支付若干费用。在收取费用
的同时，莎拉也给孩子们赚钱的机会：她以每个春卷若干元的成
本价把春卷批发给孩子们，孩子们把春卷带到学校后，可以自行
加价出售，利润部分可自由支配。

虽然不是每一个犹太父母都像莎拉这样对孩子进行"财商教

育"，但以色列的家长们从来不觉得让孩子学会赚钱是一个需要到达一定年龄才能开展的活动，也不以从小教孩子赚钱为"耻辱"。当孩子还在牙牙学语时，犹太父母就会教他们辨认硬币和纸钞，让他们体会金钱可以购买他们想要的东西，更重要的是告诉孩子们每一分钱都来之不易。犹太父母从小教育子女，不仅要看重金钱，更要有驾驭金钱的智慧。

在犹太家庭里，犹太父母从小教育孩子要参与家务劳动，并且至少学会一项生存技能。犹太父母认为，接受教育是每一个人的责任和义务，但学习知识和钻研律法都不能代替劳动的技能。通常犹太家庭的孩子长到10多岁的时候，父亲一定会让孩子学习一项基本技能，木工、厨艺或者园艺等。因为犹太人认为，当一个人在遭遇意外变故的时候，财富很可能也随之丢失，只有智慧和生存技能是不会丢失的。以色列的孩子在家里都无一例外地要参与家庭劳动，而且越是家庭富裕的孩子，越要承担更多的家务，包括倒掉废纸篓里的垃圾、保持室内的清洁、及时给草坪除草，以及上街购买生活用品等。

犹太母亲莎拉的两个儿子小时候想要到附近的市场摆摊，莎拉就让他们自己去找市场管理员交涉。为了能够交涉成功，两个儿子还在家里进行了"彩排"，提前模拟跟市场管理员打交道时可能发生的情景。两个孩子是卖家，莎拉是管理员，双方还要互换角色，并不断地总结经验。等到了市场进行实地演练时，莎拉在后面偷偷地跟着两个孩子，直到他们兴高采烈地从市场管理办出来时，莎拉才赶紧先一步回到家，装做一无所知。

通过摆摊，孩子们越来越享受与人打交道的乐趣，并学会了人际交往中需要遵循的规范。很显然，人际关系也是生产力。它和知识一样，都可以转化成实际的效益，可以改变人的命运，也是每个人幸福感的重要源泉。在以色列，许多学校从小学二年级就开始设立公共演讲课，从而提高孩子们的语言表达能力，让他们在长大以后能够勇敢地表达自己的思想。

犹太学者有这样一个比喻：在一片草场上，羊在栅栏里东奔西跑和吃草玩耍，这叫作天性活泼，牧羊人没必要干涉。如果羊跳出栅栏，那就是无规矩地放肆，牧羊人就要行使管理的权利。所以，坚持原则在家里非常重要，这不仅关乎孩子良好习惯的养成，也是让孩子从小就有纪律意识并敬畏规则。以色列父母对待孩子往往有两个原则，一是事先要约法三章，二是事后绝不妥协。

当孩子犯了错误的时候，犹太人一般会实行"恩威并施"的教育方式，即"爱抚加惩罚"。如果惩罚，绝对禁止对孩子的身体造成伤害。犹太父母力戒惩罚或斥责孩子，也尽量避免用言辞警告他们。即使被迫惩罚孩子，犹太父母也努力避免讽刺和挖苦孩子，以免伤害孩子的自尊心和自信心，他们更不会自持"孩子是我生的、我养的，所以我想怎么惩罚他就怎么惩罚他"，从而随意用毫不留情的语言来指责孩子。当自己的火气上来时，犹太父母常常采取退避或保持沉默的对策。退避，可使孩子认识到事态的严重性，避开父母与孩子之间的正面冲突，还可避免因在气头上说出过头的话而伤害孩子。当孩子为了逃避惩罚而推卸责任乃至说谎的时候，家长坚决对这种行为说"不"，拒绝让孩子把自己的过错推卸给别人，并告诉孩子每个人都要对自己的行为承担责任。在犹太孩子"成年礼"的时候，犹太家族和犹太父母就要用一种隆重的方式告诉孩子："你现在已经是成人了，今后要对自己的每一个行为负责。"

关于中国父母打孩子的问题，贺雄飞教授专门向他的老师、以色列教育专家 Erez 先生进行了询问，他的答复如下：

70-100 年前曾有过父母通过打孩子控制孩子的风俗，当时人们觉得是正常的。

《圣经》中甚至还讲过一句话，在《旧约》（13：24）中说："憎恨自己孩子的人才会抽出杆子，爱孩子的人会勤于训练孩子。"这里的杆子是指棍子！

现在大多的犹太父母都不会通过体罚强迫孩子。

《塔木德》中也曾说过："可以打孩子，但举起的手最好不要落下。"有的人读过《圣经》，因为《圣经》中曾有允许"打"孩子的文句，但我认为这里所谓的"打"是指"管教"，而非"体罚"。现在的犹太父母大多则坚决反对体罚孩子。有的书籍介绍，在以色列，一旦发现有人体罚孩子，不管你多么有名气，第二天所有的邻居都会不搭理你。因为犹太人认为，体罚孩子是一种无能和野蛮的做法。

中国古谚有云"棍棒底下出孝子",所以才有"中国狼爸"等以此为由打孩子哗众取宠,同时鼓吹"打着孩子进北大",其实这不仅是一种愚蠢和野蛮的做法,而且触犯《未成年人保护法》,稍有良知的人都应该鄙视这种做法。近年来,中国被父母打死的孩子或因从小被父母殴打导致心灵创伤,长大后得抑郁症甚至杀害父母的案例还少吗?

高佑思是中国著名的以色列投资公司——英飞尼迪公司集团总裁高哲铭的儿子,是一位"90后"大男孩,曾就读于北京大学。他爸爸常常对他说:"如果有些事情很艰难,那现在就开始做。所谓不可能的事情,只是需要更长的时间而已。"高佑思回忆道,他3岁的时候,父亲就让他尝试着阅读《希伯来圣经》,这对于一个3岁的孩子来说,"非常难,就像中国的古文一样"。他认为,父母是有意让他挑战自己,将他放在艰难的环境里,让他勇于尝试,学会适应。

在高佑思看来,给自己树立一个更高的目标,即使不能达到,也能更快地提高自己。"慢慢来,但是快快做!"即使失败,在高佑思看来也是给自己一次更好地提升自己的机会,这就是一种典型的犹太式的"chutzpah"精神。

什么是"chutzpah"?"chutzpah"是意第绪语,又称"虎刺帕",或者"厚脸皮",有多种含义:胆大妄为、鲁莽无畏、死皮赖脸、百折不挠、不达目的誓不罢休等,意思是用你的自信来获得成功。"虎刺帕"是犹太文化的一种象征,"虎刺帕"精神最杰出的代表恐怕要算以色列的祖先雅各了，他为了得到上帝的祝福竟与天使摔了一晚上的跤，最后被改名为"以色列"。因此，如果以色列学生受到批评，老师便告诉他："你不是一个好学生，你没有通过考试，你不会得到成功。"以色列学生就会问："真的吗？但是我妈妈说我会成功，我还是要坚持我自己的学习方法。"犹太父母会经常鼓励和表扬孩子，帮助孩子树立自信心，鼓励孩子勇于尝试，不怕失败。

历史证明，无论世界历史和环境如何变迁，犹太人都坚定持守其传统文化习俗：安息日停止一切工作、按 KOSHER 洁食标准（百年不变，犹太人只吃《圣经》上帝教导并允许的食物，拒绝一切吃腐食和杂食的动物，无论是天上飞的秃鹰、乌鸦，地上跑的猪还是水里的虾蟹乌贼贝类等海鲜，都是被禁食的，甚至屠宰方式不正确的肉类也不吃。后来医学证明这一切都有科学道理）进行饮食、男孩在出生第八天要行"割礼"等。这些严格的"清规戒律"，使犹太人无论走到哪里，都有别于其他民族。与其说犹太人在整个流亡时代都遵守了这些严格的"律法"，不如说是这些"律法"使犹太人继续做犹太人。正是对"律法"的持守和对文明精神的追求，构成了犹太人坚强的"精神堡垒"。

犹太人最强调"慈善"对社会的进步作用。他们认为，"钱越多，就必须奉献给慈善事业越多"。"慈善"的英文是"charity"，就是"施舍"的意思，在拉丁文和希腊文中，"慈善"是指"对人类的爱心"；而在希伯来语中，"慈善"一词则是与"奉献""正义"同词源，包含着"公义的行为"的含义。这就是说，犹太人的慈善观不是出于"怜悯"的思想，而是出于"爱"和"义务"的观念,出于一种道德的无上命令。不管每个人是否"喜欢"或者"爱"受施者,有财产者(即富人)都有义务去救助穷人。

犹太教认为,"公义"是上帝的属性。《旧约》中说:"(上帝)以公义为衣服,以公平为外袍和冠冕。"因此,上帝要求世人"要追求至公至义"。犹太人认为,实现社会的公平和正义,是上帝对他们的召唤和要求,也是他们对世人的使命。《圣经》要求所有的人"行公义,好怜悯,存谦卑之心",因为人是按照上帝的形象造的,所以每一个人都应该有尊严地活着。正是出于这样的要求,对于不幸的人,犹太人坚信必须具有怜悯心,并尽可能地给予实际帮助。

犹太人将慈善行为看作实现社会公义的一个重要途径。通过慈善活动,对社会弱势群体进行关心和保护是全社会,特别是富人的义务和社会公义之所在。这种救助已经超越了通过税收的方式,或者通过自觉捐赠的方式来实现的慈善。换言之,对穷人的救助不再仅仅被视为一种施舍,或者一种"怜悯"的标榜,而更多地被看作一种社会的义务,目的是实现社会的公义。正因为这样的慈善观,在犹太教中经常会出现"可怜巴巴"的富翁和"理直气壮"的乞丐。也就是说,在犹太社会中,捐赠者与受赠者是完全平等的。因此,犹太教的拉比非常鼓励双方互不相见的慈善行为,这样,施予者不求回报,而被施予者也不会因此影响自己的尊严。

犹太人的慈善思想成为犹太社会的基本信条,也成为犹太人世代传承的生活传统。犹太人的慈善教育和公义思想几乎渗透到犹太人的每一个日常生活细节之中。每逢安息日,犹太家庭中的每个成员都要围坐在餐桌旁，在晚餐祈祷开始前，家中最年幼的孩子会将一枚或几枚硬币投入一个叫作"储达卡"的盒子中，这个盒子外形酷似中国人熟悉的存钱罐。每个投币的孩子都知道：钱币一旦投进去了，便不再属于自己，而是要捐赠给穷人。但这个盒子并不叫"捐赠盒"或者"爱心盒"，而是被称作"公义盒"。

中世纪时，犹太大哲学家迈蒙尼德将犹太人的慈善行为分为八种类型，或者说由低级到高级的八个台阶分别是：

1. 在不得已的情况下拿出来的捐赠；

2. 态度十分诚恳，但捐赠数却远低于应捐赠数的捐赠；

3. 在穷人开口后才给予的捐赠；

4. 接受者知道谁赠而捐赠者却不知谁受的捐赠；

5. 捐赠者知道谁受而接受者却不知谁赠的捐赠；

6. 捐赠者投入捐赠箱的捐赠；

7. 捐赠者不知谁受、接受者也不知谁赠的捐赠；

8. 帮助穷人摆脱贫困，使受难者恢复自立的捐赠。

由此可见，在犹太教看来，捐赠者和受赠者互不相识的方式是较高境界的慈善行为。慈善是富人的义务和穷人的权利，因此，这也是犹太人推崇互不留名的慈善方式的重要原因。富人施予穷人钱财和食物，是上帝要求每个犹太人的一种义务；接受施舍，也是上帝赋予穷人的一种权利。这一切和双方无关，完全是和上帝的一种直接交流，中国人所谓的"授人以鱼，不如授人以渔"

才是慈善的最高境界。也就是说，"输血"不如"造血"，让人学会自食其力的生存能力，或者给人创造就业和发财的机会，是最高境界的慈善。

正是这样的慈善传统，形成了犹太人的"精神堡垒"，让一代又一代的犹太人为了实现社会的"公义"与"平等"贡献自己的毕生精力。

6.5 犹太人的"财商教育"

俗话说，没有天生的穷人，也没有天生的富人，但贫穷却是能够遗传的。"财商"是一个人判断金钱的敏锐性，以及怎样才能形成对财富的了解，并能够培养管理财富和创造财富的能力。因此，"财商"被越来越多的人认为是通向成功人生的关键，而"财商教育"则要解决人类面对金钱的两大难题：恐惧与贪婪。而为了生活稳定这个"假象"，许多人沦为金钱的奴隶。

美国专栏作家芭芭拉·艾伦瑞克在 1998 年，为了体验美国底层人民的生活，隐瞒自己的身份，选择了六个城市的六个地方，换了六种工作，有零售，有清洁，有老人服务……但是她发现结局都是一样的：

因为没钱，不得不住在偏远的地方。

因为住在偏远的地方，不得不花费大量的时间在路上。

因为花费大量的时间在路上，她用于提升自己和发现更好工作机会的时间越来越少。

为了应付房租和生活成本，她不得不说服自己承担更多小时的工作或者参加兼职工作。

因为花费了大量的时间参加各种艰苦的劳动，她渐渐地成为一个工作机器，无力做任何其他的事情，直到因情绪爆发而离开，然后再换一个地方，从而进入了一个循环的过程。

也就是说，芭芭拉虽然换了六份工作，但不管她多么努力，也未能换取一个美好的未来。还有一个可笑的事实是，她们这些在沃尔玛做过服务的人，竟然买不起沃尔玛的促销商品。那么，如何才能摆脱这样一种循环呢？这就需要我们从小对孩子进行"财商教育"。

富人和穷人最大的差别，首先在于对财富的认知。穷人往往因为物资紧缺而目光短浅，所有的精力和资源只为获得最基本的生活资源，关注点过于狭窄，因而错失了许多重要的机会。倘若将精力放入投资学习中，尝试着进入新的领域和社交圈，才能获取更加高效的增加财富的信息和途径，这就是经济学上所谓的"马太效应"，否则造成的后果就是"富人越富，穷人越穷"。

要培养一个人的财商，首先要让他具有"富人心态"，学会放弃和克服困难，学会走出很多障碍和阴影；"财商教育"的根本目的是让孩子从小学会认识财富、理解财富、管理财富和创造财富，从而获得财务自由，减少在金钱上的虚荣心和攀比心理；财商教育还要解决人类面对金钱的两大问题，即贪婪与恐惧，并使人获得真正的幸福和可持续发展。

美国有这样一句话："世界的钱在美国人的口袋里，而美国人的钱却在犹太人的脑袋里。"犹太人所谓的教小孩子赚钱，完全不是我们想象中让小孩"打个工"那么简单和粗浅。他们从小培养孩子的独立精神、责任意识和上进心，以及赚更多的钱的能力。下面这则有关犹太人老马从小进行"财商教育"的经典案例，应该会对我们有很大的启发。

12岁的老马被他爸爸逼着找了一份送报的工作。老马心想：既然都挨家挨户送报纸了，不如顺便推销车牌保护罩，一般人都不会忍心拒绝小孩的。于是老马就让他爸爸帮他去批发车牌保护罩来卖。有一次，他向一个男人推销保护罩，客人不要。

老马说："你有两辆车，那个牌照已经很旧了，都皱了。"

"那是我老婆的车。"客人一脸满不在乎。

老马又说："那你为什么不买一个试试呢？用几个月，对比一下，看看牌照能不能用得更久一点？"

老马当时心里想，"如果我不能卖出去4个，至少卖1个也行呀！"一个12岁的小孩就有这种想法，完全是父母从小熏陶的结果。

老马去海滩玩，在海滩的这一头以低价从穷孩子的手里买进一本漫画书，然后骑自行车到海滩的另一头卖给一个有钱人家的孩子。两边的直线距离不足1000米，但这也可以产生"低买高卖"的机会。

　　不料没过多久，老马被那个有钱的小孩揍了一顿，因为对方发现原来他是从不远处倒卖过来的漫画书，而且从中间赚了差价。但是，老马不以为然，每周照样会去街角的商店里买冰镇的灌装软饮料，然后再卖给那些打桥牌的70岁以上的老太太。那些老太太不但会买他的饮料，还会向他预定下一周要买的东西。届时，他就会以两倍的价格卖给那些老太太。这份收入非常稳定，也不需要劳工合同，那些老太太还格外喜欢他。

　　因为老马当时只有12岁，还不到法定打工年龄，于是，他和他的同学就去附近的高尔夫球场做球童，捡球。其他同学做球童，都是5个小时10美元，背着超重的球袋到处跑。老马觉得这太不划算了，应该寻求更快的挣钱途径——犹太人从小就被灌输这种思维。

　　老马发现13号洞在一个很陡很高的山坡上，没有人能背着球袋爬上去。所以，他就搬了把椅子放在那边，那些没有球童的人来到这个洞的时候，他就去帮他们把球袋背到山顶，每人收1美元。这样，老马很轻松地就能赚到比其他同学高2倍的"工资"。此外，捡球卖也很挣钱，一般人家的孩子都会从沟里和灌木丛中找球来赚钱。

　　高尔夫球显然都在水塘里，球进了水塘是没有人去捡的。老马就脱了鞋往水塘里走，一下子就踢到了一个球，然后把球捡起来，拿回去洗干净，一般一次能捡几百个球回来。他将它们洗干净，然后拿出去卖。老马发现这样一个问题：人们不喜欢买旧的球。于是，他就把球包装好，然后分品牌出售，每12个一打。那些好的牌子2美元一个，其他杂牌或者旧球，就只能卖50美分一个，

50个一包，许多人很愿意买这种便宜的球当练习球用。

这些事情发生在犹太孩子身上如同家常便饭，他们丝毫没有"低人一等"的感觉。为了琢磨出更多新颖便捷的赚钱方法，每个犹太孩子都会非常努力地去学习和思考。

"你既然可以给孩子买玩具玩，为什么不让他们学习如何去做生意呢？不也同样可以乐在其中吗？"这就是犹太人的逻辑。在美国的一些犹太社区，孩子的零花钱大都不是白拿的，一般都是提前约定，干多少活，就获得多少钱。

但老马认为，光靠这种办法赚钱还是太被动了，要学会和家长"讨价还价"，并四处寻找新的赚钱机会。美国犹太人不太愿意雇保姆，家务基本上都是被孩子抢着干完。

在犹太人的法则里，生存能力对孩子来说非常重要。赚钱能力是首要的生存能力之一，而学习的目的就是提高生存能力。事实上，孩子的生存能力都是被逼出来的，犹太人也并非天生就比中国人更加聪明，只是因教育理念和文化传统造成了差异。

犹太人也是因为在恶劣的生存环境下被逼出来的，从而被公认为全世界最优秀和智慧的民族。

散步时我们想什么

（代跋一）

刚才和法国犹太外教劳拉一起出去吃饭，她年轻走得快，我年老走得慢。

我告诉她，我心脏做过支架，三年前因心肌梗死，差点儿丧命。现在要放慢脚步，认真做好每一件事。我后半生只做三件事：一是写书研究和传播犹太智慧和以色列创新教育思想；二是让我们的学校变成中国最好的中以智慧学校，不仅是第一所，而且是最好的一所，真正造福我们的下一代；三是成立中国的诺贝尔奖基金会，每年奖励一名为中国创新教育做出贡献的教师，真正提升教师在中国的社会地位，为中国培养几个未来的诺贝尔奖得主。

我希望我的墓碑上能够写上这样一句话："正是这个家伙，从犹太人那里为中国的孩子盗来了智慧、幸福和创造的种子。"这也是我后半生的理想。

虽然一天天老去，但我们却不害怕，因为我们每天都是充实的，内心有着喜乐和平安，而且我们从孩子身上看到了自己的影子，他们才是我们真正的产业。在我们的努力下，我们的产业已坐落在绝美之地。

贺雄飞

2016 年圣诞节于托克托

在 WUTA，每天不提出新问题的人，没有资格睡觉

（代跋二）

2019 年 2 月 27 日下午，在一周紧张的军训活动后，WUTA 的近 50 名学生举行了汇操表演。在短短的几天内，孩子们所体现出来的崭新的精神面貌和判若两人的体态行为，让我大吃一惊，甚至让我在当众讲话时情不自禁地开怀大笑：孩子们又进步了，取得了阶段性的成果。

令人惊喜的汇操表演结束后，我对全校师生又进行了 1 个多小时的演讲，主要有三大内容：

1. WUTA 为什么要进行军训。

2. 前以色列教育部长有关创新教育的思想精髓。

3. 新学期 WUTA 的发展战略和放假搬家通知。

说实在话，我过去曾对所谓的军训有过"偏见"——认为军训单调、枯燥、机械，只是简单地强调下级服从上级，不仅容易培养"奴才"，还容易扼杀孩子们的想象力和创造力。但经过近 3 年的办学实践，我深深地意识到，现在的孩子普遍娇生惯养，任性、懒惰且自私，通过军训活动，不仅可以锻炼他们的身体，磨炼孩

子的意志，提高宿舍的卫生质量，提升孩子的纪律性，还可以提高孩子的耐心和团队合作精神。在 2019 年夏天，WUTA 还将开发"8200 顶尖军事化 Talpiot 项目"，培养孩子们的领导力、团队精神、解决问题的能力和野外生存能力。当然，对学校完全进行军事化管理的问题，我还是持保留态度。

一年之计在于春。通过军训塑造了孩子们更好的精神风貌，下一步就该打造新的校风了。那 WUTA 的校风是什么呢？一是要变成一个家校互动的温暖大家庭；二是要打造一个"学习共同体"，让家长、老师和孩子共同成长。那么，如何才能让孩子快乐、高效、深度和有创造力地学习呢？

我试图通过和全校师生共同学习以色列前教育部长夏伊·皮隆答记者问的一篇文章来传递以色列的教育理念和思想，并打造 WUTA 的创新教育校风。

夏伊·皮隆认为，以色列在建国短短几十年的时间内，之所以能成为世界科技强国，和它批量培养教育创新人才的国策是分不开的。在以色列，人们不喜欢沉默，鼓励学生踊跃提出问题，喜欢对话和争辩，也不规定标准的答案。每天不提出新问题的人是没有资格睡觉的，所以，我向老师和孩子们倡议，"在 WUTA，每天不提出新问题的孩子，没有资格睡觉。"

那么，应该如何引导孩子去提问题呢？夏伊·皮隆说："当我们还是孩子时，就学着去问 7 个 W——谁（who）、什么地方（where）、什么时候（when）、做什么（what）、怎么做（how）、为什么（why）、哪个（which）。"夏伊·皮隆认为，在大部分教育系统的考试和测验中，孩子们常常问的是 what 和 when，而犹太人在教育孩子时，更重视的是 why 和 how，这是培养创新思维的关键，也是改变思维方式和学习方式的关键。

夏伊·皮隆强调，在许多教育系统中，孩子们只会学习，而犹太人更强调"学会学习"（to learn how to learn），而且要进行有意义的学习，这是一个非常宏观且重要的问题。每个人需要在学习的过程中，让一只眼睛看到过去，让另一只眼睛看到未来，然后用两只眼睛盯在当下。我们的使命就是改变世界，教育不仅是为了个人发展，更是为了推动整个世界不断向前。学生们要从椅子上站起来，积极地参与社会活动，用行动改变世界。

每个孩子都是天才，我们要努力发现每个孩子身上的天赋和闪光点。即使是残障儿童，也会有潜在的天赋和才能，每个人都有潜力成为未来精英。比如，有些人有语言天赋，会说好几门外语；有些人双手灵巧，会制作精美的手工艺品；有些人善于使用电脑和操作机器，有些人善于交谈和倾听，有些人擅长画画，有些人则喜欢讲故事……这些人都将成为杰出的人才。所谓的创新人才，不仅要拥有聪慧的"大脑"，更要拥有强大的"内心"。"天才儿童"一般分为两大类，一类是精神品质上的天才，另一类是各种项目上的天才。杰出的教师应该发现和引导孩子的天赋和潜能，成为未来的描绘者。正如夏伊·皮隆所言："如果你是画家，你要在画布上作画；而如果你是教师，则要描绘整个世界。"

优秀的教师首先要爱学生，学会倾听他们的感受，给每位学生以话语权，让他们可以开诚布公地发表自己的看法。优秀教师是一个导体，能引导学生链接历史、现在和未来，激发孩子们的思想和创造力。好学校的主要任务是教给学生如何学习，帮助学生拥有与众不同的想法，并让梦想照进现实。

与此同时，良好的家庭教育在教育中也扮演着重要角色。就像手机需要充电一样，家庭就像是学生的充电器。父母需要为孩子们注入活力，帮助孩子们成就希望和梦想。而社会传递的则是一个人的公民意识和责任感，让孩子们必须学会考虑自己的行为给邻居、朋友和他人带来的感受。

随着目前全球化和信息化时代的到来，教育面临着前所未有的挑战和变革需求。学生要想适应这个日新月异的时代，不仅要有知识，更应该有较高的综合素质，学会思考生命和世界，寻找自己的灵魂；不仅要在学习中经常去社区服务，还要敢于去冒险和流浪，成为一个与众不同的人。

贺雄飞

2019 年仲夏于呼和浩特

创新教育是深化中国改革开放新的突破口

（代跋三）

WUTA 校训：自然成长、自由发展、自主意识、自立能力、自律精神。

WUTA 的五大价值观：

1. 成为一个受人尊敬的人；

2. 让世界因我而更美好；

3. 学习的时候竭尽全力；

4. 做事情绝不半途而废；

5. 成为一个快乐和幸福的人。

一、中国教育的现状和五大弊端

英国学者安娜在《创造力和教育的未来：数字时代的学习》一书中提出，"国家竞争力的本质是创造力竞争，缺乏创造力的国家，只能花钱消费别人的创造，只能处于生产链的最低端，只能靠廉价劳动力、廉价商品和巨大环境成本和能源消耗去赢得竞争力。"根据目前中美贸易战的状况，中国的大多数企业还是缺乏核心竞争力。

为什么中国的企业缺乏核心竞争力？是因为中国缺乏创新产品和创造性人才。

为什么中国缺乏创造性人才？其原因在于中国的教育培养不出创造性人才。

因此，中国的教育现状不容乐观。

那么，中国教育的弊端何在？我认为，概括起来有五大弊端：

第一，中国教育的目标错误。幼儿园孩子的目标是上好小学，小学生的目标是上好初中，初中生的目标是上好高中，高中生的目标是上好大学，这是用一种阶段性的目标来取代了学习的终极目标。

孩子为什么要上学？简言之，学习有四大终极目标：

首先，知识即善，学习就是为了摆脱愚昧，成为一个善良和正直的人。

其次，教育的目标是"三生教育"——生存、生活和生命，最起码大学毕业以后应该找到一份好的工作。

再次，未来人生，应该拥有一个幸福美满的家庭，追求终生幸福。

最后，为社会贡献自己的价值，学有所用。

归根结底，教育的本质是为自我教育和终身教育奠定基础。可惜的是，中国的教育贪图急功近利，用阶段性的目标取代了学习的终极目标。

第二，由于现代社会是一个知识大爆炸的时代，中国孩子学习的内容可谓鱼龙混杂，课本内容都是几十年一成不变，学习了十几年的死知识，最终走向社会发现，那些书本知识并没有太大的用处。

第三，由于中国的孩子是以高考为终极目标的，所以，其学习过程枯燥乏味，"题海战术"外加"考试集中营"，让每个孩子都痛苦不堪。厌学、叛逆、早恋和玩手机成瘾，成为中国孩子上初中以后的普遍现象。据可靠数据，中国孩子的厌学率高达60%以上。

第四，虽然高考这种形式从社会性来讲有一定的合理性，例如，可以给农村的孩子提供改变命运的机会，但从其本身来说，用一个人的考试成绩代表一个人的综合素质，相当于用一个人的小拇指代表一个拳头，意义不大。另外，凡是孩子喜欢的，而且终身有用的内容（如体育、艺术、演讲口才、社会实践等）都不考，只用一个人的部分成绩来代表一个人的综合素质，既不公平，也不科学。

第五，中国的孩子上了十几年学，却有很多人找不到合适的工作。为什么找不到理想的工作？因为大部分孩子根本胜任不了其工作。据相关媒体报道，近几年中国大学生的毕业分配率最多在30%左右。

综上所述，中国的教育目标是有弊端的，学的内容大部分没用，学习的过程枯燥乏味，考试这种手段既不公平又不科学，而且上了十几年学毕业后还找是不到工作。因此，中国的教育还需要进一步的改善。

二、如何才能让创新性人才批量出现？

2015 年，我国国务院下发了"大众创业，万众创新"若干政策措施的意见，但近两年的我国经济状况基本上毫无转机，"双创策略"并没有什么实质性的进展，甚至许多大学生倾家荡产仍然摸不着创新的门。

为什么会出现这种情况？主要是因为我国缺乏创新的机制、文化土壤和创新性人才，而且中国的应试教育偏离了教育的本质。这主要和中国的历史文化传统以及失败的学校教育有关。在填鸭式教育、"题海战术"、"考试集中营"和标准答案体制下流水线批量化生产出来的学生能产生创新思维和创新能力吗？

毫无疑问，中国的教育改革已经迫在眉睫，当然，"光打雷不下雨"绝不会出现转机，这是几乎所有有良知的教育工作者的共识。

那么，中国孩子的创造力究竟哪儿去了？难道中国孩子天生就没有创造性吗？

我的观点是，中国孩子的创造力从幼儿园开始，一直到小学和中学都被做不完的作业和考不完的试戕害了，创造性思维早就被"标准答案"给固化了，再加上中国的孩子从小缺乏社会实践的机会，怎么可能充分挖掘出创造性的潜能呢？

创造力＝知识＋好奇心和求知欲＋想象力＋实践，那么，人的创造力主要来自哪里？

英国教育者安娜认为，影响人的创造力的主要有九大要素：创造力同人的天赋有关；创造力同人的想象力有关；创造力同儿时的游戏有关；创造力同和谐民主的社会氛围有关；创造力同幸福的生活有关；创造力同经济的实力和发展有关；创造力同人的认知价值观有关；创造力同新科技工具的支持和使用有关；创造力同人的精神灵性、知识技能和教育的目标有关。

因此，要想培养真正的具有创造性的人才，必须把教育回归到真正的全人教育上。充分激发每个孩子的兴趣和潜能，提高孩子的理解力、想象力和创造力，为孩子通向未来打开若干扇窗户。

教育的最终目标就是让每个人首先成为一个具有灵魂、品格、智慧、懂真理和热爱生命的全人，教育的本质就是自我教育和终身教育。

只有这样，才能让创新性人才成批出现。

三、中国教育将向何处去？

如果按照中国教育的现状继续发展下去，我认为中国的孩子会出现"高分低能"和"一代不如一代"的状况。

为什么说中国的孩子"一代不如一代"？

从思想文化上来说，虽然中国有悠久的历史文化传统，但大多数学国学的人食古不化，很难用中国古代的思想与现实接轨，现代人在思想上有几个人超越了诸子百家？

从高科技的角度来说，中国的发明创造的数量很少，不然为什么美国人老指责我们剽窃他们的知识产权呢？

从品格和生活方面，虽然现代人物质生活很丰富，但大多数人却心灵空虚。

从信仰和道德方面，现在是一个道德沦丧的时代。

从环境治理方面，污染严重，雾霾严重！

从体制和吏治方面，腐败丛生。

目前中国最大的进步，是高科技带给我们的进步。但有多少高科技是中国人自己的发明和创造呢？

这些问题值得中国每一个有良知的知识分子深思。

根据美国和以色列的教育经验，初级教育给孩子教知识，中级教育给孩子教素质，高级教育应从小培养孩子的创造力和领导力。

首先，要重新建立孩子的信仰道德和价值观。中国的孩子之所以问题重重，首先是因为我们的学校传递给孩子的不是正确的信仰、道德和价值观，而是一门有关考试的技术。没有信仰、道德和价值观的教育，不是真正的教育。无论如何教育，首先要为社会培养出一批正直善良的人，而非只会考试的"书呆子"和"精致的利己主义者"。

其次，需要从小对孩子进行哲学思辨能力的训练，以此来塑造孩子的创造性思维、发散性思维、批判性思维和逻辑性思维。人的一生最重要的就是三件事：思维、表达和行为，没有出色的思维能力，怎么会有良好的表达和行为呢？长年浸淫于应试教育和标准答案的孩子，怎么可能具有独特的逻辑思辨能力和创造力呢？

最后，需要充分挖掘和培养孩子博览群书的能力。没有渊博的知识，怎么可能会写出大气磅礴的好文章来呢？中国的孩子每天忙于写作业和做卷子，怎么可能有时间去博览群书呢？

诚然，读万卷书，不如行万里路；行万里路，不如阅人无数；阅人无数，不如名师指路；名师指路，不如自我感悟。中国的孩子有时间去行万里路和阅人无数吗？没有丰富的理论和实践经验，也没有鲜活的生活经验，能培养出真正的未来人才吗？

《点燃智慧》一书于 2000 年由中共中央党校出版社出版，距今已 19 个年头。书中的核心内容是提倡中国青少年的素质教育，但看当今中国的教育现状，仍然是在高考的指挥棒下扎扎实实地把孩子关在"考试集中营"中勤学苦练，让人看不到一点希望。所以，有教育界同人说，在中国搞教育就是"用绝望的心情做希望之事"，于吾心有戚戚也。

好的教育可以分为四大板块：

第一，课堂的模式决定了孩子是否喜欢上学和上课。

第二，在国家指定的课程以外的校本课程，决定了特色学校和学校的核心竞争力。

第三，校园文化就像阳光、空气和水一样，会滋润孩子的心灵和大脑。

第四，教育管理决定了师生是否有责任心和创造力，民主化管理会为未来人才和创造性人才的成批出现奠定基础。

因此，中国教育需要来一场革命，才能迎接残酷而美好的未来。

四、WUTA 创新教育的精髓是什么？

致力于中以智慧和创新教育几年，我本人和 WUTA 团队夙兴夜寐，殚精竭虑，囿于场地和资质所限，未能快速发展。而且面对各种情况的孩子，常常心有余而力不足。教育是个良心活儿，唯一可以聊以自慰的是，我们在任何一个孩子身上都下了很大功夫，完全可以说是问心无愧。令人欣慰的是，离开 WUTA 的大多数孩子虽然是人们认为的"学渣"，但回到公立学校后，适应能力很强，综合素质和自我管理能力大大提高，许多人已经变成了"超级学霸"。

WUTA 的教育目标不是让孩子考高分，而是培养"五好学生"和未来精英。我们不追求数量，只追求质量，我们的最终目标是，办出中国一流的创新教育学校，为中国培养出真正的创造性人才，成为中国创新教育的"小岗村"。

所以，WUTA 要打造一个具有多样性和各种可能性的"学习共同体"，通过游戏化教学与"问题导学"和"智慧启学"模式，将娱乐性和参与性熔于一炉，旨在激发孩子的学习兴趣，培养孩子良好的生活习惯和学习习惯，挖掘出孩子的天赋和潜能，提高孩子的理解力、想象力和创造力，为孩子通向未来打开若干扇窗户。

显而易见，在这个快速变化的世界，未来充满着不确定性和各种可能性，传统教育培养出来的"书呆子"和"考试机器"绝对不可能适应未来社会的需求，只有真正具有创造性的人才才可能拥有美好的未来。

但是，中国社会的现状也令人非常担忧，正如有位作家所说："我在很多女性朋友圈中看到的基本上都是晒各种自拍，各种吃喝，各种打扮，好像有什么可炫耀的就尽情炫耀！许多父母不读书不学习，将时间交给吃喝玩乐、打扮、看电视和打麻将。一听到自己不能理解的话题，马上露出鄙夷的冷笑：'你们说的那些有啥用？

能当饭还是能当菜？'"如此抵挡一切稍有社会意义的事物进入生活，能教育出优秀的后代吗？

希望每位父母都能够拿出更多的精力陪伴孩子，不要当甩手掌柜，而是要为孩子在各个方面都做出榜样，努力学习，与孩子共同成长！这需要塑造一个"学习型社会"的氛围。

选择了 WUTA，就等于选择了一条与众不同的新路，虽然前面充满了各种荆棘和不确定性。我们唯一要做的就是，不要害怕失败，越是艰难越要向前。而且这也需要老师、家长和孩子共同努力，三者缺一不可。

WUTA 创新教育所追求的七大价值观是：

每个孩子都是天才；每个孩子都需要被关注；要想给孩子教什么，首先得让孩子喜欢你；制定游戏规则和玩游戏；让孩子每天都要提问；让孩子明白深度永远比速度重要；授人以鱼，不如授人以渔；不仅要授人以渔，还要授人以道。

我认为，决定孩子未来的择业有四大要素：

孩子喜欢，有兴趣；孩子天赋异禀，擅长；能养家糊口，维持生活；体现生命的价值。

全部符合上述四大要素，就是孩子未来最好的职业。

所以，WUTA 小学部从小培养的是"五好学生"：好身体、好习惯（良好的生活习惯和学习习惯）、好品格、好性格、好口才和好文章。

为什么要进行教育改革？就是因为我们有伟大的梦想，那就是通过 WUTA 架起一座通往世界和未来的"桥"，让我们的孩子与智慧为伍，成为真正的未来精英和世界公民。正如以色列前总统佩雷斯先生所言，"我们以色列什么都没有，只有阳光、沙漠、人的大脑和渴望改变世界的梦想。"

同样，我也相信，WUTA应该是开发孩子的潜能和梦想的最好地方，也是帮助孩子找到人活着的意义和价值的最好地方。

WUTA是让孩子快乐学习，筑就共同的梦想，会讲犹太笑话和《塔木德》智慧故事的地方；WUTA培养的是"与众不同"的人！

WUTA虽小，却胸怀天下；中国WUTA，离北京很近，离世界更近。

五、创新教育是深化中国改革开放新的突破口

美国经济学家马歇尔曾说过："在一切资本中，只有对人自身的投资才是最有价值的。"因此，在目前中国改革开放的关键转折时期，我们不要仅仅聚焦于经济本身的发展，而是要转向对未来人才和创造性人才的长远投资。也许二三十年后，对人才的投资就会显示出惊人的爆发力。

美国经济学家彼得·伯恩斯坦是著名的金融史学家，他几乎见证了过去近一个世纪里的每一场金融危机。他也是极少数亲历过1929年经济大萧条，并在2008年的金融风暴中依然活跃在市场上的人。在目睹了险象丛生的市场起伏和波澜壮阔的金融活动以后，他在《繁荣的代价》一书中对金融与市场风险提出了发人深省的警告："今天的投资人最大的问题就是缺乏历史感。假如对历史多一点理解和了解，很多人也许就能够避免市场崩盘所带来的伤害。"因此，中国除了要解决经济本身所存在的问题以外，更

多的是要放慢经济发展的速度，从根本上来解决我国所存在的社会问题。我认为，"发了财并不等于成功，真正的成功是拥有知识和智慧，文化和智力的寿命比金钱更长"。

很显然，在经济繁荣和高速发展的时候，没有多少人能够认识到中国的经济所存在的危机和隐患。毫无疑问，现在全球经济都处在一个十字路口上。当你来到十字路口时，无论如何也要重新选择一条路来走。正如伟大的科学家爱因斯坦所言："如果一旦用原来的办法解决不了危机，就一定不能继续使用原来的办法，必须换一个新的角度和高度来思考问题。"

很显然，描绘天堂远比指明通往天堂的路容易得多，只描绘了天堂而没有指明道路的人其实没有多大价值。在古老的犹太卡巴拉智慧看来，"危"代表危险，"机"就意味着机会，危机不是指一种崩溃的状态，而是指一种向全新的状态的转折点。用以色列智者迈克尔·莱特曼博士的话说就是"人类的问题是，我们常常看不清这种新的状态"。看不见前方，人类就将灭亡（《圣经·箴言》29:18）。

1992年诺贝尔经济学奖得主加里·贝克尔在《人力资本理论》一书中也写道："对于大多数人来说，资本意味着银行账号、100股IBM的股份，生产线或芝加哥附近的钢铁厂。总之，在较长的时期内能带来收益和其他有用产品的东西都是资本。但是，这里我要谈的却是另一种形式的资本，例如，正规学校教育，计算机培训课程，医疗保险方面的支出，有关严格守时和诚实美德的讲座，等等。它们能够改善健康，增加收入，提高阅读能力，让人终身受益，从这个意义上来说，它们也是资本。当然，与传统的资本概念一样，在教育、培训、医疗保险上的花费应该被视为对资本的投资。"很显然，中国下一步如果不真正在文化软实力及人力资本上加大投资力度，永远不可能实现可持续发展。因为"光有金钱没有智慧，会造成灾难"，因此，智慧、幸福和创造力，是全中国下一步都应恪守的价值观和追求的发展方向。个人追求智慧，家庭追求幸福，企业和政府追求创造力，这是永恒的真理。

综上所述，进行创新教育改革，不仅是一个国家和民族的百年大计，而且能够满足每一位国民的真正需求，同时可以成为中国深化改革开放的一个新的突破口。1970 年诺贝尔经济学奖得主萨缪尔森曾经说过："要成为一个不抱任何偏见的专家，客观地对待商业周期、国际贸易和宏观经济领域的残酷现实，确实需要一个冷静的头脑，一个博学多识的人一定能够造福于人类和社会。"

中国历史上第一个中以智慧结合的创新教育实验班——WUTA 创新智慧实验班，位于呼和浩特大学城北方职业技术学院院内 3 号楼，由"中国犹太智慧和以色列创新教育研究第一人"贺雄飞教授领衔创办，并于 2016 年秋天正式开始招生。

WUTA 常年招收从小学到中专的学生，实行项目制精品教学和翻转课堂，不仅突出英语等国际化课程，并开设财商智慧、情商智慧、领袖智慧、演讲口才写作、国画、围棋和中医常识等 16 门校本课程和丰富多彩的校园文化。

WUTA 实行全寄宿和全封闭人性化管理，帮助厌学、叛逆、手机成瘾和早恋的孩子重新爱上学习；让本身热爱学习的孩子的能力得到均衡发展，培养真正的未来精英和世界公民。

正如中国企业家马云所言，"今天很不易，明天更加困难。但是，未来是无限美好的。"因此，我们必须加倍努力，创造无限美好的未来。

贺雄飞

2019 年元旦于呼和浩特

（本文刊载于国务院发展研究中心主办的《经济要参》杂志，2019 年第 1 期，总第 2359 期）